阅

阅读成就梦想……

Read to Achieve

创新者的机会思维

你可以杀死一个创意，但不可错失良机

[美]帕姆·亨德森（Pam Henderson）◎ 著
袁伟 ◎ 译

You can kill an IDEA, but you can't kill an OPPORTUNITY

How to Discover ***New Sources of Growth*** for Your Organization

中国人民大学出版社
· 北京 ·

帕姆·亨德森用她迷人的方式解释了虽然创意是有用的，但成长真正的催化剂却是对机会的理解。这是一个对公司和个人都适用的方法，这本让人喜爱的书一定会为任何想要更上一层楼的人提供无价的指南和激励。

西蒙·马宗达（Simon Majumdar）
《下一个铁厨》节目的主编和裁判

这是一次启发思考的阅读，这本书把人们头脑中的单个创意转化成真正的机会。

鲍勃·费希尔（Bob Fisher）
莫尔森库尔斯酿酒公司副总裁兼 CTO

帕姆·亨德森和她的 Newedge 公司与我们一起把一个有希望的概念发展成一个大机会，最终我们让这个机会成为了在消费者中获得成功的最佳创意。在这本书中，你将学会如何做同样的事情。

亚伦·卡朋特（Aaron Carpenter）
The North Face 公司副总裁

不要让轻松的阅读和有趣的方法欺骗了你。这是一本发人深省的书。帕姆的洞察可能会对一个组织创造与创新的方式产生持久的影响。

克劳斯·赫恩博士（Klaus Hoehn）
约翰迪尔公司副总裁

本书用新颖的观点告诉你如何利用观察和趋势来详细计划你的未来，并迅速驱动成功的创新。

史蒂夫·莱夫纽（Steve Revnew）
宣伟公司副总裁

这本书带领我们回顾了历史，观察了现在，展望了未来。我们生活在一个资源受限的世界，我们急切地需要新创意和整体思维去寻找可持续发展的机会。这本书将会促进这种思考。

约翰 • 加德纳（John Gardner）
诺威力公司（Novelis）可持续发展总长

这本书为寻找业务成长机会的难题提供了真正的洞察。

斯蒂芬 • 托顿（Stephen Toton）
杜邦公司副总裁

本书提供了一个新颖的方法，拓展了你用新方法来寻找机会并获得成长的思路。帕姆 • 亨德森列举了很多案例，启发你去重新思考目前的商业计划，并帮助你用全新和更全面的方法来重新开始。

乔纳森 • 麦金太尔（Jonathan McIntyre）
百事可乐公司资深副总裁

非营利组织，甚至全球范围内的宗教组织都可以从这本鼓舞人心的书中发现一个转折点，在经济紧缩的形势下，这个转折点可以把他们从募集资金和其他紧急事务的焦头烂额的状态中解放出来，而更多地关注在机会中创新。

亨利 • 帕森宁（Henry A.Paasonen）
国际教会组织柏林、巴黎、斯特拉斯堡传播总监

本书提出了对机会思维突破性的理解，所有正在探索神秘的创新王国的人都必须读一读这本书。书中的内容很好地诠释了创意与机会之间的关系。理解这个关系对所有渴望成长的机构、企业和个人都是至关重要的。

乔丹 • 比尼恩（Jordan J. Binion）
美国陆军创新实验室项目经理

这本书介绍了一些批判性思维、逻辑、观点以及应该采取的行动，商业、市场营销和其他相关专业的学生都应该读一下。对我们来说，本书不仅提供了一个反思和挑战现有理念的机会，还创造了一个让我们参与更具创造性的思维过程的机会。它具有煽动性，同时又是常识。它会被很多人引用，并让所有开卷的人得到享受。

菲尔·明纳瑞奇博士（Phil Minerich）
荷美尔食品公司副总裁

本书是一个名副其实的有关事实、经验和可行动的创意和洞察的聚宝盆，里面有大量的智慧珍珠和宝石。

罗伯特·彼得森（Rober A. Peterson）
得克萨斯大学奥斯汀分校联席副校长

商业书籍通常都是让人犯困的，但这本不是。它的文字是让人兴奋的。帕姆把极好的思想塞满了每一页。请不要错过这本引人深思的书。终于有一本讲创新的书像是具有创造性的了。

弗兰克·哈里斯（Frank Harris）
产品开发和管理协会（PDMA）佐治亚分会总裁

这本书是释放你组织的创新力最好的“机会”之一。

帕特·品克斯顿（Pat Pinkston）
约翰迪尔公司副总裁

这本书与我读过的任何一本商业书籍都明显不同。它就像是一本与丹·布朗（Dan Brown）的小说有交集的商业书籍，你可以在其中学到很多有趣的事实！

道格拉斯·鲍威尔（Douglas Powell）
LeepInsights 创新和产品开发演说家

我要感谢你加入我们的机会发现之旅！你显然是对成长充满了渴望，否则也不会决定来读这本书。毫无疑问，你是一个有创造力并且精力充沛的人，你想要学到更多、看到更多和做得更多。这种创造力和能量驱使你和像你一样的人去产生更多有助于成长的创意。然而，大多数具有创造性的创意实际上会产生一个新的问题——一个关于专注的问题。我们要么过度专注于某一个的创意而忽略了其他更好的创意，要么被很多好创意围绕而无法确定专注于哪一个。在企业中这会变得更糟，因为很多有创造力和精力充沛的人会产生成百上千个创意。

那么我们怎样才能避免那些错误的创意而选择正确的呢？对全球范围内的顶级企业进行的研究表明，仅仅有直觉和经验是不能带来合适的创意的。新的产品和服务的财务回报常常是低于预期的，甚至更多的是完全失败。因此，我们必须聚焦于机会，并用它来指导开发和选择创意。这就是机会思维的精髓。

“机会”一词最早出现在拉丁语中，它的意思是“入港（Into Port）”。当时是14世纪，各个国家都在建造新的船只去开拓新的贸易航线。如果你是商人，你也许会说机会指的就是市场——港口，那里有拿着钱、等着买东西的客户。如果你是发明家、科学家或是工程师，你也许会说机会指的是货船——一种能带来新的财富的发明。但这两种说法都不对。机会指的是潮汐和风的条件，它们可以把船只带入港口，否则这些船只就只能滞留在港口之外。当想到机会时，我们需要这三样东西——市场的需求、发明的价值和让两者结合在一起的合适条件。否则，我们将会看到机会停滞不前。

在这本引人入胜的书中，我们将会展开讨论创意与机会的区别，探讨“需求＋价值＋条件”的机会公式，并且在此基础之上了解机会的率六大源泉，再去探索那些发现新机会和产生更伟大的创意的方法。

虽然本书最初在美国出版，但是书中的原理同样适用于任何国家的任何组织和个人。为什么我可以这么说呢？因为组织只有在合适的时间和条件下创造出满足人们需求的价值才是成功的。当我们想要进入新的市场、生产出新的产品或者服务，并且接触新的文化时，这个原理更加重要。想象一下，当一家国外的公司想要进入中国市场，但是由于他们不理解当地的文化、人们的需求和需要、创造和传递价值的最佳方法以及其他一些条件，他们最终会失败。这些公司中很多都有创新流程，然而即便如此，他们还是失败了。为什么是这样呢？原因在于他们往往迷信于那些能够让他们在国际市场取得成功的创意，而对中国存在的机会探索得不够。

我的公司——New Edge已经与多家在中国有业务的跨国公司合作过，包括约翰迪尔、哈雷－戴维森、铁姆肯（Timken）、高露洁、宝洁、惠好（Weyerhaeuser）、蓝威（LambWeston）和百事可乐。我们看到最大的成功往往发生在当那些公司紧紧拥抱住机会的时候——深入地理解了文化、人、需求和条件，并且创造出对他们的客户有意义和有益的价值。例如，在与高露洁、惠好公司和蓝威公司的一些合作项目中，我们成功的关键就在于对中国进行了深入的洞察采集工作。我们指导中国的研究员去收集机会洞察，结果带来了非常成功的产品发布。这个原理对于那些寻求进入国际市场的中国公司也同样适用。仅仅创造出有好价格并且高质量的产品或者服务是不够的，对于中国公司来说，要想在国际市场取得成功，他们必须领会并理解那些存在于文化、环境、需求和人们的价值观的细微差别。

中国拥有丰富和悠久的创新历史，目前的创新实践也是非常健康的，但是创新型的商业领导力——对持续驱动创新的过程、人和结构的管理——还没有像其他国家那样成熟和完备。但是，也许这对中国的公司来说却是个好消息！因为很多国外的公司不得不清空它们以前学到的东西，它们必须从鼓励纯粹的创新力，转变到鼓励人们去更深入地了解那些可以带来成长的机会。机会思维提供了一种结构化的方法，可以帮助这些组织挑选出他们应该聚焦的机会，从而产生更伟大的创意。中国公司也可以运用这些原理和程序来总结出一种正式的创新方法。

机会思维不仅仅是一种成长的方法，它还是一种我们如何在一起共同工作的方法。机会思维帮助我们把视野拓展到超越我们自己去寻求理解他人、去构建新的关系、去和那些能够帮助我们创造出更大价值的人沟通。它还提供了一种与新的合作伙伴（我们也许会一起合作的公司）的对话机制，并且能够把全世界的公司都连接起来，帮助我们战胜对建立更复杂关系的恐惧和忧虑。在寻找合作伙伴时，我们不应该只是满足于能够弥补我们不足的某个东西——比如一个渠道或是一种技术，我们更应该聚焦于将机会作为我们的共同基础。当机会把跨越国界的不同公司联合起来时，它就拥有了能够激发双方最好的能力——更丰富的洞察和人才，以及为消费者创造出更大利益——的魔力。

最后，机会思维可以帮助我们自己成长为领袖。成为一个领袖的要点之一就是要做一个好的学习者。没有什么东西可以代替谦虚。当我们将机会思维的精髓了然于心时，我们就拥有了一个开放的心态，我们会乐于向他人学习，乐于倾听和沟通，并且乐于以新的方式展示我们的创造力。作为领袖或是未来的领袖，你今天就有一个机会！你的机会就是在这里学习这些原理，并且带领你的组织去实践它们。你会发现，它们有能够强化你的影响力，并且激发你周围的人去获得他们从来不敢想象的成就的魔力。

目录 CONTENTS

01 成长始于思维方式的改变

当机会被真正地了解时，才会为形成正确的创意提供线索。

You Can Kill An Idea, But You Can't Kill An Opportunity

How to Discover New Sources of Growth for Your Organization

第 1 章　大思维

这本书是关于成长的。

成长始于思维方式的改变。

放弃创意是为了给成长找到真正的起点——机会。

当机会被真正地了解时，才会为形成正确的创意提供线索——黄金创意。

好创意和黄金创意产生大的成长。

这是一个悖论吗

不。

创意常常会被当作成长的催化剂。

为什么不呢？创意是具有诱惑力的，创意是有娱乐作用的，创意是有激励作用的。每一个好创意都能带来希望——一个更好的世界；一个更充实的生命；更大、更快、更便宜、更健康、更美的东西——希望有一些实实在在的成长。

我们希望用一些创意来帮助我们面对挑战、解决问题，引领我们走向一个更光明的未来。没有创意，我们就不会有大的进步。生活中有无数令人惊讶的创意，它们给我们的生活带来了大大小小的进步，其中有很多成就值得被铭记，以至于我们开始认为创意是进步的源泉和成长的创造者。

尽管有诱惑力，商业世界中的创意还是常常无法完全实现。

每3 000个创意能产生100个项目，这些项目中最终平均只有2个能实现，生产出一个可以收回成本的产品。在这些产品中，只有20%可以获得可观的利润！

所以，大部分的商业创意并不怎么样。创意带给人们的失望似乎多过快乐，从而变成成长过程中的插曲。但这并不是草率行动的结果。在大多数行业中，主要新产品的平均开发周期都要以年来计算。

我们经常会对我们的创意失望，即便我们花费了很多时间去验证它们。这不仅浪费了时间、资源和投资，而且有损于个人承诺。

有人说没有创意就是坏创意。这个头脑风暴的口号是为了激发创造力，并且通过消除质疑和反对来激发源源不断的创意。众所周知，这并不是真的——有些创意实际上是很不好的！

问题不在于这个口号，而在于我们没有一个可靠的方法来产生好创意，或者说我们没有一个有效的途径来辨别好创意和不好的创意，直到为时已晚。结果，在一个渴望新创意的世界里，新创意经常会死掉，我们对成长的期望和愿望也都消失不见。

很明显，我们担心的不是那些在实验室里就已经失败的创意。毕竟，发明大师托马斯•爱迪生在他发明电灯泡时说过的话广为人知：

我没有失败，我只是已经发现了一万种无效的方法。

产生创意并在实验室里测试它们很重要。我们关心的是那些在市场上失败的创意——那些我们已经为成功和利润押宝下注，并希望给世界带来巨大改变的创意。这些创意虽然通过了实验室的测试，但没能通过钱包的测试，它们令我们和顾客感到了失望。

那么，如何来区分那些有助于成功的好创意和那些不好的创意呢？

有些创意失败是因为我们对它们没有需求。

人们不会给宠物喂带有鱼腥味和培根味的水；A & F 公司为小姑娘设计的带有衬垫的泳衣激怒了很多父母；似乎没有人发现 Bic 公司的一次性内衣值得购买。我们也曾经看到过大量的失败的技术，从微软的 Actimates —— 连接小孩子和电视节目的毛绒玩具，到索尼的鸡蛋形状的 Rolly 播放器——他们试图用它来与 iPod 竞争；或者斯沃琪（Swatch）的 Internet Time——用 1 000 拍来报时的一种新的时间度量衡制度，试图消除不同时区对人们造成的困扰。你从没听说过这些产品？这就是问题所在。

那些没能在市场上生存下来的创意不胜枚举。从 New Coke 到 Crystal Pepsi，那些成功的公司和人士也会经常错失市场，无论是在概念上还是在时间上。

我们都会对成功的创意感兴趣，我们都会关注它们，甚至期望它们改变这个世界。但是，最终它们都变成了一声叹息，失败的原因在于它们只是碰到了机会的边缘，而其他更好的替代方案关注到了所有的潜力。

专家和业余爱好者都密切地关注着蓝光光碟（Blu-ray）和 HD-DVD 的对决。虽然东芝的 HD-DVD 的造价更便宜，但蓝光光碟能在更先进的播放器（比如索尼的 Playstation）上播放，并拥有更大的影片库。拼车程序（比如 Zipcar）能利用现有的基础设施来解决城市内部的交通问题，而代步工具（比如 Segway 两轮平衡车）由于受到严格的规定、有限的用户和高成本的限制而日渐衰落。受到高度认可的脂肪替代品——奥利斯特拉（Olestra）很快就被消费者遗忘，他们最终选择了乐事公司（Lays）那些简单的天然烘焙的小点心。

这些创意无法扎根，正如蒲公英，它们会被风带走。有些创意被种在了没有机会的土壤里，而有些被种在了有机会的土壤中，却扎根不深。那些变成机会的创意更有可能站稳脚跟并实现它们的成长承诺。机会既预先确定了一个创意的价值，又定义了那些将会创造价值的创意。

我们需要从机会开始。

当然，依赖创意而不是机会就像把马车放到马前面一样。但是即使我们明白这一点，为什么我们仍会把希望寄托在创意而不是机会上呢？

毕竟，很多创新过程都是始于创意。大多数商业领袖们会将大量时间用在产生创意的会议上，却很少将时间用在发现机会的会议上。人们创造了无数关于产生创意的方法论，但关于机会的定义却少之又少。

有关创新的图书的封面上最常出现的是灯泡的图案，它也是“好创意”的标志，难道这不奇怪吗？

有些组织会对发掘机会作出明确的投资，而多数组织仅仅是认可它的定义。从创新到收购，商业流程都需要对潜在机会的回报及其大小有所描述。不幸的是，接下来这些有关机会的故事往往都很苍白无力，缺乏真正的深度，并且很少能够为发展提供指导，更不用说那些成功的创意了。

在选择机会时，我们可以利用一些指标，比如可用市场总量、潜在市场占有率等来估算机会的规模。

机会的规模仅仅能告诉我们要做还是不要做，但它无法告诉我们一个真正的机会（谁、什么、哪里、何时和为什么）在哪里，无法告诉我们它真正的吸引力和适用性，更别提如何去实现它了。

没有这些信息，数字都缺乏说服力。当对它知之甚少时，我们又如何能真正抓住这个机会呢？这可能也是为什么有 80% 的收购案和并购案最终都无法达到预期的原因。领袖们渴想通过收购来使公司转型，但是这种表面的改变也许根本无法跟上市场的步伐，无法给客户带来新的价值，最终也无法给股东带来新的价值。对机会的动态变化缺乏清晰的认识也会导致其他商业领域的失败。我们冒着浪费营销资金的风险来开发那些不成功的新品牌；我们延伸品牌，却侵蚀了销售利润；我们进行区域扩张却又从那里退出。我们也许发现了机会的规模，并且仔细地算出了财务回报，却没有认识到机会的真实本质。

知道一个花瓶能装多少水无法让我们确定它的形状，更别提什么样的花儿最适合这个花瓶了。

知道一个机会的规模同样无法告诉我们它的具体情况，更别提它最适合的创意了。

在了解一个机会时，我们必须越过大小问题而深入地探究它的真实本质。目前，机会探索和创意产生是两个完全不相关而独立的过程。了解机会应该是产生与市场有共鸣的创意的基础。

创意本身的问题以及它们的低成功率会导致人们去追求所谓的更好的创意。但是如果没有更大的机会以及对这些机会的充分认识，更好的创意是不会出现的。

让我们将创意比喻成锦鲤，机会比喻成池塘。有人说，如果把这些美丽的鱼放入一个小池塘，它们会一直长不大；如果把它们放入一个大池塘，同样的鱼会长得非常大。这种鱼的大小会受它们周边环境的影响。

如果想要一条大鱼，我们就需要一个大池塘；如果想要一个黄金创意，我们就需要一个大机会。

当很多组织认识到为了得到更大的创意而需要扼杀个体创意的重要性时，他们还没有明白，创意才是让回报低于预期的罪魁祸首。创意干扰了我们对机会的了解。创意常常被伪装成通往成长的路径，但实际上它们却通向死胡同。必须要做出改变了。我们必须摒弃用黄金创意来驱动成长这一想法了。相反，我们需要集中精力来发现和创造机会来作为黄金创意的先导，从而驱动成长。

这本书不是有关大成长的红宝书。它不会给出所有的答案，或是指出那些充满机会的领域。它无法保证让你获得成功，但却能提高你成功的概率，并帮助你降低风险。这本书要做的是呈现机会思维的独特方法，它能在很大程度上改变你追求成长的方式，并帮助你产生黄金创意。

机会思维

☆ 扼杀那些被当作成长起点的创意正是成长的起点。

☆ 机会才是通往黄金创意的路径。

☆ 你可以拒绝一个创意，但你无法扼杀一个机会！

02 可持续成长源于可持续的机会

当我们用机会的眼光来看待成长时就会认识到，我们只能顺应机会的本质来成长。

You Can Kill An Idea, But You Can't Kill An Opportunity

How to Discover New Sources of Growth for Your Organization

第2章　抓住成长的机会

有了孩子后，我们的一大乐趣就是用铅笔在墙上记录下孩子在成长过程中的身高变化。我们对成长的渴望从很早就开始了，而且并没有随着儿童期的结束而停止。成长激发了对于美好未来的乐观精神。无论是管理一家企业、接受教育、抚养孩子，还是打理花园，成长都是衡量成功的关键标准。

> 如果没有成长，那么就将走向死亡。
>
> 迈克尔·艾斯纳（Michael Eisner），迪士尼前CEO

如今，企业都想要成长，尤其在这个很难实现成长的时代。成长是企业运营顺利的信号之一。它会吸引股东，给利益相关者带来信心，让员工乐于接受新挑战和新工作，并且吸引客户。成长标志着我们为今天和未来做了正确的事情。

旁观者眼中的成长

组织会在不同时期选择不同的成长方式。企业也许会将市场占有率或是销售利润作为目标，并关注利润率或者区域覆盖情况。

但是，成长不总是意味着规模的大小。在一个质疑成长有限性的世界里，成长意味着一个组织能用更少的资源对人们产生更广泛的影响，用更少的项目做出更大的创新，赢得更好的声誉，创建更大的社区，或者更好地利用现有资源。

大多数组织想要更多。它们不仅想要数字上的成长，还想要那些无法用数字衡量的成长——能够强化和建立组织、文化和影响力的转型式成长。

这就是大成长——能够深入组织内部并为未来提供一个跳板，而且确保这种成长是可持续性的。

即便是那些经验丰富的成功企业，可持续成长也是很难实现的。那些看似掌控了游戏并垄断了市场的企业也无法一直保持其领先地位。

最致命的幻觉就是狭隘的观点。因为生命是不断成长和变化的，那些无法改变观点的人终将被时代淘汰。

财富 500 强榜单于 1955 年首次公布，当时的数据预测上榜企业可以在榜单上停留 75 年。到 1983 年，上榜企业在榜单上的停留时间缩短为 40 年。如今，这个数字变为 15 年。434 家最初的 500 强企业离开了榜单 ——而这仅仅发生在比 50 年稍长一点儿的时间里。

好几家目前炙手可热的创新企业在 15 年前根本不存在。将来它们也许会被取代，也许比它们的创始人预料得还要早。

那些离开榜单的企业到底发生了什么？它们的成长是无法持续的。也许它们曾经发现错失了机会，而且当它们发现时，它们的驱动力早已干涸。也许规避风险伴随着卓越而生，自满伴随着成功而生或者局部的观点战胜了整体的统一。有些人也许会根据他们已经获得的成长来假设成长是可持续的。最终，当其他人创造和开发出更有创意的方法而得到了客户的认可时，这些改变失败了。

可持续成长来源于很多力量，但是它始于发现那些可持续的机会。这些机会既有深度又有长期性，它们强大到能够保证自己不会在将来被淘汰。它们不是昙花一现，而是会为真正的黄金创意开创空间。

可持续成长同时也来源于对机会不会静止不动的认识。机会会不停地变化，并以不同的形式出现。如果想要可持续成长，我们必须紧跟机会并适应它们的变化。

在某种程度上，紧跟机会并随机应变的能力是由领袖的眼光和他们创造的文化所驱动的。鼓励组织紧跟机会并随之而变需要勇气和不断转型的意愿。在这样一个所有组织都在改变、并且这种改变比以往任何时候都要快的时代，这是非常不容易的。

商业机会就像公共汽车，总会有下一班到来。
理查德·布兰森爵士（Sir Ricard Brandson），维珍集团创始人

在很多组织中，角色变动每年都会发生，而且据统计，每 60 分钟，就会有 130 个管理者职位在发生变化，包括 CEO、CFO 等。这让通过转变机会来引领组织发展的过程变得更加困难。从职业发展的角度来看，为了让现状看起来不错，而甘愿冒着未来成长的风险，而按大众的观点去持续发展非常具有吸引力。

可持续成长需要在紧跟机会和过于超前之间找到一个平衡点。如果尝试过快的成长，我们往往无法使成长持续。在种植农作物时，如果施肥不足，农作物就没有令我们满意的收成，但是如果施肥过量，农作物就可能因为茎部过于细长而无法支撑果实的重量。无论哪种方法，组织都无法最大化地利用机会，也无法保持适当的成长。

成长不仅仅可以超越我们的机会和企业，还能超越我们的环境。今天，大的可持续成长为我们提供了一种不会耗尽未来资源的方式。这意味着资源可以再生和发展，并且还可以用于未来。我们需要承担起道德、社会和经济对员工产生影响的责任。企业当然可以不负责任地成长，但这常常会害了自己。相反，没有企业能够承受得起一种只是对环境有益，却因昂贵、无效而最终无法支撑业务发展的成长。这就是为什么很多企业开始追求三重底线——利润、人和地球——的原因。我们的目标必须是去发现那些机会，它们能带给我们负责任成长的回报，而且无论我们身处何地，它们都能创造出负责任的成长方式。

第七世代（Seventh Generation）就发现并发展了一种同时满足三重底

> 我们的每一次思考都必须考虑我们的决定对下七代人的影响。

线的可持续成长方式。他们销售包括清洁、婴儿护理和个人护理类的生活消费品。他们的使命是引领一场革命，这场革命能够保证七代人的健康。在产品和包装中减少废弃和有毒物质是他们产品开发的焦点，这为他们赢得了美国食品药品管理局（the U.S. Food and Drug Administration，FDA）的生态认证标志。

他们的企业责任项目——从努力减少温室气体排放，到与拉丁美洲妇女组织合作帮助妇女摆脱贫困——为他们赢得了2011年联合国变革领袖奖（Leader for Change）。他们甚至以盈福模式（for-benefit model）来教授课程，这种商业模式教会以盈利为目的的企业如何创造社会效益和环境效益。第七世代得到的回报是自1988年创立以来，销售额已经增长了160%。

可持续的负责任的成长可能源自不同的战略。有些企业通过渐进的方式实现，而另外一些则通过变革的方式实现。

渐进式的成长

渐进式成长的战略源自使用目前的价值创造方法来深入挖掘一个机会。我们坚守一个机会并挖掘它，从中创造成长，并持续地培养我们的核心能力。

我们追求改进产品、降低成本、强化技术和延伸品牌的方法。渐进的方式不一定比激进的变革方式得到的回报少。渐进式战略也能实现与变革式战略一样明显的成长——正如龟兔赛跑的故事一样。

渐进的成长方式也并不是没有挑战。我们也许会认为成长离我们很近，当面对机会时，我们很容易将它们辨别出来并产生好创意。其实并不尽然。我们身处其中的机会往往是我们最难了解的机会。

正如鱼儿在游泳时并不知道它们正在水里一样，企业常常看不见或者感觉不到机会。这也许就是为什么延伸产品线的销售额平均会比目前产品少13%的原因，它会冲击目前产品的销售而导致销量的减少。很多企业会发觉，他们很难超越自己的核心产品、样式和风格。原作无法超越。

想要了解如何深度挖掘当前的机会，就需要全新的视角和方式来产生黄金创意，以帮助我们更好地挖掘潜力。

菲斯卡（Fiskars）公司就很好地展示了如何利用自己的核心能力去实现成长。菲斯卡铁制品公司是芬兰最有名的企业之一，也是世界上最古老的企业之一。自1649年在芬兰的乌西马省创立以来，他们就在不停地挖掘机会——从铁制品开始，到后来的铜制品。他们主营金属制品，从钉子和管线开始，然后拓展到蒸汽发动机和工具。

他们在金属工具方面的杰出表现为自己带来了新的成长。20世纪60年代，菲斯卡公司的一位工程师奥拉夫•巴克斯特伦（Olaf Backstrom）使用不锈窄带钢和注射式塑料模具机制作出世界上第一把轻质剪刀，并采用了他们招牌式的橙色塑料手柄。如此美观的设计为他们在纽约现代艺术博物馆的设计收藏馆赢取了一席之地。

在某个时期，他们试图通过并购在他们核心业务之外的领域获得成长，但是最终由于这些尝试侵蚀了利润而不得不退出。重组和聚焦于工具和金属制品的并购带领企业走向了成功。他们巩固了自己的市场地位，销售从剪刀到园艺工具所有的产品。他们的可持续发展方式直接来源于他们的核心能力——用耐久的设计、对材料的关注以及产品的低碳低残留来驱动成长。

渐进的成长方式允许我们做自己擅长的事情，并小心地扩张到相邻领域。这可以为企业带来巨大的回报，不论是效率还是技术诀窍。

想想WD-40公司挖掘机会的方式。1953年，公司开发了一种防水化学品，计划在火箭制造商的利基市场中销售。几位公司的员工却发现，这种化学品可以被用来润滑家中的铰链和其他东西。于是，公司在 1958 年为零售渠道重新包装了这种产品。随后，他们在润滑剂市场的份额稳步上升。从 3 个人开始，公司成长为一个只有 280 名员工却管理着 3 亿美元年销售额、产品进入 80% 美国家庭的精益组织。他们坚定的专注得到了稳步成长的巨大回报。

> 一些成功的革命发生之时，正是当我们颠覆了成熟行业中的某些方式，并结合几种变革方式使用新方法把握住机会之时。

变革式的成长

变革式的成长方式来自创造一个新机会，或是通过改变实现价值的方式来激进地拓展一个机会。这种方式要么来自技术的颠覆性创新；要么是打开了一个新市场；要么是利用了闲置的资源；要么是实现了一种新的商业模式；要么是获得了一种新能力。当我们获得了某种突破性进展，或是利用了某种技术的突破，变革就发生了。比如互联网、智能手机和社交网络等技术已经改变了几乎所有商业追逐机会的方式。

变革式战略有点像黄金创意——创意如此之好，以至于它们自己就在拓展机会。这些创意通常为消费者创造新的价值拓展了原有的机会，也吸引了大批新的竞争者。有时，在努力追求变革式成长的时候，我们会在一些感觉毫不相干却看似巨大和令人兴奋的机会上冒险。这些机会并不都那么具有吸引力，我们缺乏一个标准去评判哪些是好的，哪些是不好的。无知可能会让每一个机会都看起来很有创新性。一种商业模式或是一个产品虽然能让我们眼前一亮，但并不意味着它能在当下给市场带来真正新的价值，即便它迫使我们颠覆现有的一切。成功的变革式成长要求我们对市场和行业进行彻底的变革，而不是在自己的企业中发起变革。

1943年，17岁的英格瓦·坎普拉得（Ingvar Kampred）在瑞典创立了宜家，随后宜家开始销售廉价的本地制造的高品质家具。随着生意越做越大，他开始印制邮购目录，并请送牛奶的工人帮忙递送到每家每户。为了与对手竞争，他建了一个陈列室，用来展示那些超出人们预期的经济实惠的高品质家具。

1956年，当看到顾客在搬运所买家具的不易时，宜家重新设计了家具。新的家具变得容易拆卸和搬运，并采用了平板包装的形式。

宜家的扩张是一步一步地展开的——挪威、丹麦和瑞典。为了节省成本，他们开始在供应链上进行创新，比如收购锯木厂、建造铁路系统，并且整合了从森林到家具的过程。为了出众的美感和实用性，他们不断地改进家具的设计、功能和材料。这些新方法为宜家带来了爆炸式的成长，店面开到了西欧、东欧、澳大利亚、美国、日本、中国以及其他一些国家和地区。他们成长得如此之快，以至于他们也曾犯过选址的错误。

宜家在全球25个国家拥有超过280家店面，销售额达到334亿美元，其中净利润39亿美元。他们是全球最大的家具零售商和第三大木材消费者，仅次于劳氏公司和家得宝。这种帮助他们实现成长的模式也创造了令人瞩目的可持续发展记录。2010年，他们重新设计了一款很流行的沙发——EKTOR，并且把包装尺寸减小了50%，从而每年减少了7 400辆卡车的运力需求和4 700吨的二氧化碳排放量。他们与世界野生动物基金会合作，通过整合价值链来应对棉花种植、水处理、森林管理等诸多方面的问题。为了实现100%使用可再生能源的目标，他们建造了一个风力发电厂，并且对从太阳能到地热的替代能源进行了投资。他们和他们的顾客已经捐款约1.07亿美元，这些资金将用于20多个国家的儿童教育、解救童工和贫困救济等项目。

变革式成长可以从一个完全出乎意料的地方开始（创造新的机会），比如利用那些储量丰富而没有被利用的资源。

沙特阿拉伯拥有丰富的天然气，这些天然气来自石油生产行业，它们会被烧掉或者再次注入地下。同时，他们的劳动力资源也同样丰富。政府看到了为两者带来价值的机会。1976 年，他们创建了沙特基础工业公司（Saudi Basic Industries Corporation, SABIC）来制造化学制品、聚合物和化肥。SABIC 很快就成为了世界上成长最快和最盈利的公司之一，产品产量从 1985 年每年生产 630 万吨上涨到 2012 年的 6 900 万吨，销售额达到约 500 亿美元，净利润约 77 亿美元。他们在本国及全球 40 多个国家创造了大量的就业机会，同时也开展了教育援助项目。

在塑料方面的创新为他们赢得了可持续发展的头奖，这个创新就是他们的高性能 iQ 树脂——一种利用回收的聚对苯二甲酸乙二醇酯（PET）瓶子生产出来的专利产品。生产这种材料需要的二氧化碳量仅为传统方法的一半。结合 SABIC 的配色工艺，这种材料可以被广泛应用于家具、电脑和汽车上。他们和路虎公司一起创新，通过使用他们的聚合物并结合有效的设计，将路虎揽胜极光汽车的总重量减轻了 35%，从而在降低油耗和二氧化碳排放的同时，提高了车辆的耐久性、动力和美感。

当变革式成长遇见渐进式成长

某些机会通过不断的改善来实现演进，而某些机会则通过重大突破为变革做好准备。然而，机会不会一成不变，它们会经常变化。也许在某段时间，它们会看似静止不动，但随后的爆发会为新的成长和新的竞争打开大门。

机会的反复无常带来了很多难题，在关于成长的文学作品和董事会中，我们常常会看到这些难题。我们是通过不断地改善能力和市场而沿着我们的核心能力来成长呢？还是抛开核心能力，通过扩张或者利用技术和市场上的重大突破来成长呢？这种决策可以成就或是毁掉一家企业。事实上，一位新任 CEO 常常会像钟摆一样在以上两个问题上摇摆不定。

其实这是一个有一些虚假的困境。当我们用机会的眼光来看待成长时就会认识到，我们只能顺应机会的本质来成长，而机会的本质就是它们会变化，而且它们都有不以我们的倾向为转移的生命轨迹。当变革开始出现，机会就会通过演进来发展，直到变革的条件再一次变得成熟。这意味着我们必须保持足够的敏捷，如果我们想要抓住机会而持续成长，那么我们就要围绕核心能力来成长，又要超越核心能力。这种循环的变化会让我们失去警惕。当我们努力去实现渐进式成长时，常常也会奋力寻找变革的机会。我们很少会问自己："我们怎样能淘汰自己？"如果我们想要获得持续成长，我们就应该常常问自己这个问题。

如果我们无法对转瞬即逝的机会保持持续的关注，当机会枯竭或完全消失时，我们的目标就是海市蜃楼，这也会让我们失去对成长的渴望。

在长时间的休眠期之后，近年来，中国成为了世界上发展最快的啤酒市场。两家公司看到了这个机会。

青岛啤酒本身就是中国过去 100 年历史的一个缩影。它的前身是日耳曼啤酒公司青岛股份公司，1903 年由德国商人和英国商人共同建立，日本人于 1914 年将其收购，1922 年中国人将它收回。1949 年，中华人民共和国将它国有化，20 世纪 90 年代又进行了私有化。在 80 年代之前，它的业务主要是出口，这让"青岛啤酒"成为了国际市场上中国啤酒的第一品牌。那时，它是一个等待国内市场成长的成熟品牌。

随着机会的出现，新的竞争出现了。这个新来的竞争者就是雪花啤酒，它成立于 1993 年，是华润集团和南非米勒酿酒公司（SAB Miller）的合资企业。雪花啤酒是通过收购和技术改造成长起来的——他们收购老啤酒厂，然后用最新的技术对原有技术进行升级。他们集中精力打造品牌——瞄准年轻人市场，并把品牌与一些快速发展的体育运动，比如滑雪联系起来。

变革式成长有时会压倒渐进式成长，从而取代那些市场的开创者。雪花啤酒目前是两家啤酒公司中规模更大的一家。它不仅超过了青岛啤酒，也超过了世界上所有的啤酒品牌，成为了全球销量最大的啤酒品牌！

机会思维

△ 机会是成长的引擎。

△ 机会通常在不断变化。

△ 如果我们是机会的追随者，那么无论是围绕核心能力的成长还是超越核心能力的成长，这些成长都是必不可少的。

03 机会的三大因素

无论是现在还是过去，我们都可以看到机会的基本因素，这些因素影响着我们创造价值的方式。

You Can Kill An Idea, But You Can't Kill An Opportunity

How to Discover New Sources of Growth for Your Organization

“机会”一词的起源可以追溯到港口和帆船。在能够推动轮船安全航行的发动机被发明之前，帆船不得不待在港口外，等待合适的风和潮汐把它们送往目的地。这些条件就叫“入港”，拉丁语叫作“ob portu”。风和潮汐的完美结合就是机会。

如今，你去问问身边的人，他们多数会说机会就是港口——等待货物的市场——那些有未被满足的需要、需求和渴望的人们有着对来自遥远之处的货物的需求。在世界的另一边，这些货物的制造者把机会看作发明一些新东西的时机，也许是通过使用新技术来创造出与众不同的产品，从而刺激新的需求。那时的人们有不同的看法，对他们来说，机会就是把货船和港口结合到一起的那些条件。

真正的机会依赖于三个条件：等待货物的港口、制造这些货物的能力和技术以及将它们联系一起的天气和潮汐。无论是过去还是现在，机会只有同时满足这三个条件才可能会盈利，缺少任何一个条件都很难称之为机会。即使港口的人们渴望那些货物，但如果货物无法被生产出来或是无法运到，实现盈利都是不可能的。即使拥有生产货物所需的技术和能力，也无法保证这些货物可以被市场接受，或者有能够安全运输货物的船只。阳光明媚并且和风缓缓的日子适合晒太阳，但如果没有一艘满载货物的货船入港，任何人都无法获得收益。

盈利的机会就是将受众、创造价值的能力以及能够将二者联系起来的条件结合起来。这三个条件的有效结合才会实现盈利。

当然，机会并不能保证一定会盈利。生产出好产品的创造力和辛劳工作、接触到合适的顾客以及对环境条件的充分利用都是必不可少的，它们都是大量有创意的想法和大量熟练并且努力工作的结果。创意能把机会转化成银行账户里的现金。然而，如果没有好的机会条件，创意本身是无力产生回报的。

电灯泡唤起了我们对自己某些想法的联想，这些联想能够使我们想象中的那些黄金创意更有力量。虽然这是一个杰出的发明，但如果不是我们对光的渴望和那些对蜡烛和灯笼的不满足所产生的为更好方案的支付意愿，电灯泡也许什么都不是。如果没有之前的技术，比如吹制玻璃和加热碳丝使其发光，电灯泡也不可能被发明。它不是一个单一的发明。在托马斯•爱迪生于1879年发明了能长时间发光并可以市场化的电灯泡之前，19世纪早期，汉弗莱•戴维（Humphry Davy）就已经花了多年时间发明了原始的电灯泡。最后，如果没有一个供电环境以及一个可行的气体照明设备（其可行性已经被类似技术的广泛使用证明），电灯泡也无法被普遍使用。

电灯泡的机会是里程碑式的，与其他很多机会一样，它也经历了持续的成长和变化，变得更加强大。电灯泡仅仅是一个有着钨丝、充满氩气的玻璃泡，但它真正的机会在于使照明更易得、更可靠，也是人类和文化利益的产物。

我们听过很多类似的关于发明的故事。那些发明者和梦想家已经成为了创造力的英雄。然而通过观察，我们发现，他们的创意都有幸遇到了机会。有些人会认为这些发明家幸运，有些人会认为他们有洞察力、有天赋、执着或是有创造力。然而，那些被我们记住的发明家，他们的发明都遇到了合适的机会。于是，当他们的创意或者改进取得成功，这个成功就是巨大的成功。虽然我们把成功归功于创意和想出创意的人，但真正的原因却是机会。

机会往往会躲在后台，而创意和发明家会站在舞台中央。但是，是机会给了创意闪闪发光的可能性。

我们理解了为什么创意能够受到众人注目，因为它们比机会更容易让人看见——它们更容易被描述、更容易被想象、更容易被抓住。产生创意完全可以被我们掌控，而创造机会却不能。也许这也是为什么我们常常会在没有完全理解机会之前就被创意所吸引的原因。机会产生的条件更复杂，也更难以明确表述。虽然机会看起来很复杂，但是它们也是可以通过系统的方法来被说明的。

发现机会

对机会的探索并非只发生在现代。纵观整个人类历史，人们一直在通过英勇的和具有创造性的行动来扩展他们的机会：古代的探险家搜寻找新的港口；商人们努力开发新产品，并将它们推向市场，而且为了生产出既新奇又有用的产品，他们甚至用小艇将搁浅的货物带到港口。同时，他们努力地寻找新技术，并且发明了用独一无二的符号来标示货物的方法，这样他们可以借助名声的扩大而迅速扩张，他们还对如何向个人和想要拓展领土的国王寻求财务支持，以支持他们对探险方式进行创新；造船者和水手学会了通过改造船和帆来利用风和潮汐。这些商人和探险者明白，机会不仅仅是被发现的，它也可以被创造出来。

我们同样也通过这些方式来扩张我们的机会，比如探索新市场、采用新的生产方法、通过品牌来打造我们的声誉、尝试新的做生意的方式、利用周边的条件来增强我们将价值传递给目标客户的能力。机会来自于很多努力和力量的结合。无论是现在还是过去，我们都可以看到机会的基本因素，这些因素影响着我们创造价值的方式。人们渴望这些价值，不同的条件决定着两者如何结合在一起。

显然，我们服务的人群就是我们的市场，也包括我们组织内部那些寻求更好的价值创造方式并从中获益的人们。更广义的环境还应该有我们服务的人群，包括文化、监管者和影响者。

我们创造价值的方式包括我们开发的技术、我们生产的方式、我们变现的商业模式，以及我们为表达自己所用到的设计、品牌形象和市场定位。

这些决定着将两者结合到一起的条件既包括我们创造价值的方式，也包括那些即将从中获益的人群——有竞争力和互补性的技术、组织、品牌和商业模式；市场的本质；以及文化、监管、经济和自然的环境。

以上这些定义了机会的六大基本源泉。

机会思维

机会将以下因素组合在一起：

- 受众；
- 创造价值的能力；
- 将两者结合起来的条件。

要最终受益，以上三种因素缺一不可。

第 3 章　构成机会的六大源泉

机会的六大源泉是我们的技术、品牌表达、商业模式、组织、市场和环境。

当入港（ob portu）这个词语成为现实（1375 年—1425 年），机会就会大规模涌现。世界在迅速扩张。西欧人寻找着到达东方的新航线，以满足他们对香料和丝绸的渴望。

对香料的需求也意味着对更好的船只的需求——能够在大西洋航行得更快的船只，这也促进了造船业的快速成长。通过观察非洲渔船的三角形风帆，挂方形帆的船只被轻快的帆船取代。这种船需要帆布、绳索和防水材料就可以航行。它还需要几位有经验的水手来驾驶，他们知道如何在南风中航行。大量来自政府和商业的资本增加了对造船业的投资。挂着葡萄牙和西班牙国旗的船只争先恐后地去争夺名声和地盘，并且掠夺财富。

影响探索活动发展的关键因素也改变了文化、观念和信仰。于是，问题出现了。很多人害怕如果冒险进入大西洋，他们会碰到海怪、漩涡、煮沸的水域和暴晒，这让多数人都产生了恐惧。但是，吉尔·埃纳斯（Gil Eanes）改变了一切。1434 年，他绕过了非洲西海岸的博哈多尔角（Cape Bojador）并安全地返回了出发地，证明了大西洋比人们想象中的更安全。这一创举开启了葡萄牙人探索非洲的征程。

这些新技术与商人的需求、对建造舰队和扩张领土的资金和技术需求以及文化的改变结合在一起，构成了机会。透过这个机会以及通常意义上的机会，我们看到了机会的六大源泉，如图 3—1 所示。

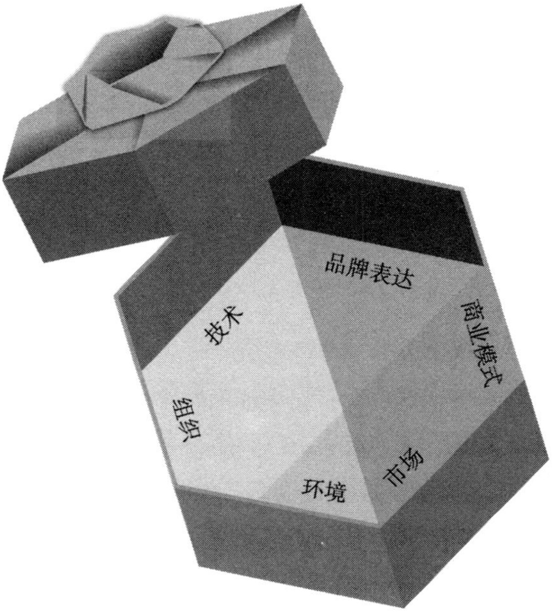

图 3—1 机会的六大源泉

> 每一个源泉都有不同层次的机会，它们组合在一起呈现出它的形状。

纵观历史，组织和个人在每一个源泉中都用各种新方法来寻找创意和探索机会。从设计思维到商业模式的产生，从精益制造到蓝海战略，这都是我们熟知的方法。

每一种观点都能将其中的见解拓展成机会，这也揭示出机会确实有多种源泉。

六大源泉之市场

市场是我们的客户、渠道和零售商的集合，它复杂多变，新机会总会源源不断地出现。从发展中国家中产阶级的出现，到发达国家的人口老龄化，购买力的转移改变了人们对几乎每一种产品的需求。

生自 1979 年计划生育政策实施之后的年轻一代中国人，大多数是作为家庭中的独生子女长大的。他们被称为“小皇帝”，习惯了即时满足和炫耀性消费。将这些特征与国家收入增长结合起来，你会发现迅速崛起的消费文化驱动着人们对从汽车到化妆品等所有东西的需求。

另外，不是所有的需求都能够被注意到。市场需求通常并非显而易见，甚至连消费者自己也不清楚。那些藏在外表下以及并未被发现的需求意味着新的机会。

有些汽车企业已经掌握了观察和设计的技术，通过新的产品特点来拓展机会，比如杯架、加热座椅、小型 DVD 播放器、Wi-Fi 和免提导航。这些新特点往往是为了满足那些难以言表的需求。

当我们在消费者理想的地点、按照他们喜欢的方式把产品卖给他们时，市场的机会就出现了。零售渠道已经从精品店的形式发展成大卖场，从实体店铺发展成电子商务。人们变得忙个不停，自动售货东山再起：你可以在中国南京吃活的上海毛蟹；在法国吃法棍面包；在加拿大吃炸薯条，在日本购买新鲜鸡蛋；在波兰挑选钓鱼用的活虫子；在荷兰选购自行车；在意大利买条牛仔裤；或者在伦敦泡吧时买双芭蕾平底鞋；你甚至可以在德国的黄金自动售货机上买到黄金，以应对下一个金融危机。

工业品企业也在适应如何满足客户的需求。B2B 的电子商务最初被生产塑料制品的企业用来销售多余的库存。这种形式现在已经成为一种向低技术要求的客户提供低价产品、向高技术要求客户提供高级服务和高价产品的途径。

正如俄罗斯套娃一样，市场也是以细分套着细分的形态存在着。我们可以按人口统计学、生活态度、生活方式或者他们追求的福利将消费者分组。当我们从不同的角度来观察相同的市场时，机会就会出现。

传统的租车公司为旅行的人们和车辆正在修理厂的人们提供临时性服务。Zipcar注意到了那些只有很小的空间和很少的钱，却有用车需求的城市居民和大学生。他们创建了一个汽车共享公司，按小时计费出租汽车，并且可以在英国、加拿大、西班牙和美国的所有城市和大学接送乘客。这个发现使他们在3年内获得了328%的成长。

> 我们的市场是需要、需求和渴望的移动目标，这些需要、需求和渴望以各种不同的形态和大小出现，并激发机会。

六大源泉之技术

技术是我们销售的商品和服务的支柱，它被我们的创新精神所激发，是机会的催化剂。概括地说，技术是我们创造的东西和它背后的知识，它是包装袋中的食品、瓶子中的液体、包装材料、放置它的货架以及销售它的商场中的基础设施。

每一种产品、服务和流程在实用性、成本或是效率方面的改进都是一种的技术进步。

德国家电公司美诺（Miele）有100多年的历史，他们的创新让家务变得更简单——从黄油搅拌器到如今的高端家电。他们以世界上最复杂和最昂贵的洗碗机为自豪。这款洗碗机有双防水系统、静音操作功能、内藏式控制面板以及16种不同的清洗程序，而且可以使用电脑或平板电脑升级。

在欧洲的另一端，你能找到一种有独创性的、技术含量低的解决方案。在白俄罗斯，人们会在水槽上的橱柜里放置一个餐具架，盘子可以放在那里自然风干，从而节省了人力和空间。

技术会随着市场的进化而加速发展。一旦开始，技术进步的势头就像雪球滚下山一样，最终带来雪崩式的变化。

电影业动态地反映了由技术带来的广阔机会。受到照相机和胶片发展的影响，它在各个方面都获得了巨大的成长。画面从每秒10帧进步到16帧、24帧、48帧，再到后来的60帧。音效也变成了一个完全不同的领域，在短短的三年内，它就占据了业界的中心位置。特技效果、电脑动画和3D技术融入了数字技术。动画制作从黏土演变为芳香树脂。虽然很少申请专利，但艺术家们已经发明了多种拍摄、表演和剪辑的复杂技术。我们曾经视这些为奇迹，就像看到一位钢琴家在现场为电影伴奏，但现在，座椅都可以震动和放出烟雾。从老式自动点唱机到影剧院、汽车电影院、iMax和带VCR的家庭影院，再到投影仪和流媒体，建筑学和消费电子为这些发展作出了巨大的贡献。另外，爆米花也值得被我们记住！1893年，克里特斯（C.Cretors）先生发明了能在屋子里制作的爆米花，如今，电影院每天都卖出大量的爆米花。

技术也可能不被客户所察觉，而是躲在幕后改进和完善我们做事的方法。

新的解决问题的方法可以拓展我们的机会。

意大利赛车制造商法拉利与芯片制造商AMD合作开发出了也许是赛车上的王者——传感器和数据采集装置。超过150个传感器和2 500个遥测信道让更好的设计和驾驶变成了可能。通过对数字风洞以及对汽车和赛道的横向重力、升降、温度以及其他数据的实时反馈，两家公司取得了在工程学上的领先地位。因为法拉利保持着在新技术方面的领先，所以它在一级方程式汽车大奖赛中经常获胜。

六大源泉之组织

我们的组织是价值创造的实施者。虽然市场决定我们需要生产什么产品，但我们才是决定如何生产的主宰。带着“从正在做的事情开始”这样的态度，这种自主性让我们的组织成为一个寻找机会的好地方。比起新产品，节约成本和流程改造对盈利的贡献更可靠。这些改进的想法通常来自我们的员工。

组织是成长的机会发动机。

员工是我们最大的资产——如果我们知道他们都做了些什么！所以，让我们来问问他们！我们可以问问他们对节省成本有什么建议，这常常可以为我们带来数百万美元的额外利润。美国航空公司的一名飞行员建议，飞机可以在每一个经停机场加油，这样飞机就可以少带一些油料。结合其他的减重措施，这个建议一年就为公司节省了 1.41 亿美元。

将我们组织起来的方式可以解释为用服务的提升、更快的配送和更好的质量使客户更满意。

为了实现低成本的产品隔夜配送服务，亚马逊先期投入了大量资金，并建造了 18 个配送中心。他们启动了会员服务项目，会员可以为这一年所有的运单支付固定的运费。这个项目提升了客户的忠诚度，并明显地刺激了销售。这种改变让亚马逊对实体店铺的威胁论又死灰复燃。

当我们学会了如何为把握机会而付出努力时，我们的成长潜力也得到了提升。

工业研究所（the Industrial Research Institute）成立于约 75 年前，它是研究领导力的领先机构。其优势源于他们对模式的研究。研究所的成员会研究如何科学管理，从而实现突破、发现未被发现的需求、实现一体化的设计和跟踪研发的相关情况，并且将它们付诸实践。他们的发现正改变着一些企业在面对机会时如何有效组织自己的方式。

当与机会相关的人碰到一起，机会就会进一步扩大。与机会相关的人包括那些组织内部的人、市场以及周围环境中的人。为了能为不熟悉的市场提供服务，他们必须学会融入当地文化。丰田公司是第一家大规模实施这种行动的公司。他们采用“全球视野，本土思考”（Act Global Think Local）的方针，努力让他们生产的汽车适应当地人的驾驶规则和习惯。

当机会看起来由于成本限制而很难实现时，企业应该尝试寻找新方法，让自己把握住部分机会。节俭创新和精益创新正是可以最小化利用开发资源和生产资源的方法。

一个典型的例子就是在药品研发时使用众包模式，它为治愈结核病带来了新的希望。运用节俭创新的思路，非洲的人们用移动电话取代了自动取款机。为了变得更有效率、更敏捷，那些拥有庞大的创新功能的企业也正在学习如何重组。

六大源泉之商业模式

我们的商业模式决定着我们如何挣钱，它包括从营利到非营利、从公有到私有等各种基本的商业结构。

科氏工业集团（Koch Industries）有着传奇的成长故事。它成立于1940年，目前是全球最大的非上市公司之一，年收入超过1 000亿美元。他们收购那些在石油、造纸和农业领域与其现有业务互补的企业，然后运用他们自己开发的基于市场的管理方法和衡量体系来强化每个被收购企业的个体职责和业务专业性，以实现成长。

商业模式还支配着我们做生意的方式，它反映出我们重视的东西，还有如何评价我们所做的事。

技术型企业可以通过保护它们的专利而使他们的产品有更高的价格，或是通过专利授权来实现盈利。食品制造商可以使用自己的品牌销售产品，或是通过商店自有品牌来销售产品。计算机企业可以在销售产品的同时提供技术支持，也可以单独对技术支持收费。

商业模式更微妙的一个方面是我们如何衡量自己以及我们取得的成功，这种衡量有时会因为消费者而发生彻底的改变。一家炸鸡连锁店会在结束一天的经营时盘点剩下的炸鸡数量，而忽略了客人们为买到新鲜炸鸡可能会等很久。可当他们把衡量标准变为客人需要等待的时间，客人买到的就可能会是提前炸好的已经变凉的炸鸡。我们的衡量标准反映了我们重视什么，它会意外改变我们交付给消费者的东西。我们需要建立起能让消费者满意的衡量标准，比如给他们及时地供应刚出锅的炸鸡。

有创意的商业模式能够为客户创造新的价值。

不同的商业模式可以用于销售相同的产品。谁会知道有那么多种销售空气的方法！空气产品公司（Air Products）、普莱克斯公司（Praxair）和液化空气公司（Air Liquide）用油罐车销售工业气体给一些企业，用气瓶销售给普通消费者。他们甚至与石油和钢铁企业共建厂房，以便直接通过连接在一起的管道来销售气体。

皮拉马尔净水供应公司（Piramal Water）创建之初是一个慈善机构，目的是帮助 7.2 亿印度人应对缺乏饮用水的巨大挑战。它的创始人意识到如果公司变成一个营利机构，他们会有更大的影响力。于是，他们开启了连锁经营的模式，加盟商只要支付 50 000 卢比（约 1 000 美元）并且与他们分享利润，就能够以大企业所需价格的一小部分来卖水。他们拥有了超过 150 家加盟连锁店，横跨印度 7 个州。公司还安装了 17 台自动售水机，消费者可以用预付卡来买水。

非营利组织使用他们的商业模式来募集捐款和分配这些捐款。款项有多种来源，从捐款到捐税，从赞助商到合作伙伴，从糕饼义卖到政府拨款。他们可以通过物品和服务的赠与以及小额贷款和辛勤劳动来分配这些款项。

Kiva 是一个非营利的小额贷款机构，他们通过发放一次性贷款解决人们的贫困问题。通过在网上讲述他们的经历，低收入个人可以申请贷款来创业或者经营他们的企业。捐助者（这里指债权人）选择他们想要支持的对象，并付给他们至少 25 美元。在短短的 7 年内，69 个国家的人们收到了来自 948 000 位捐助者 4.6 亿美元的贷款。Kiva 保持着 99% 的偿还率，这让他们可以把钱一次又一次地借出去。

政府也会从新的商业模式中创造机会。当美国马萨诸塞州伯克希尔的居民发现当地经济出现了停滞时，他们发明了自己的货币。人们可以用 95 美元换 100 伯克希尔，并用它从当地商家购买货物。伯克希尔可以用来支付从日用品到服装、从化妆品到豪华轿车租赁的各种产品和服务。在前 9 个月中，有超过 100 万的伯克希尔流通；在 6 年内，就有 330 万伯克希尔顺利地流通。这种模式重振了当地的经济。

六大源泉之品牌表达

品牌表达就是我们如何向外界传达“我们是谁”这个信息，它是我们的品牌、定位、信息传播方式、基调和设计审美的总和。我们通过它来促进情感投入，这样的情感投入远超其他 5 个源泉所能带来的情感投入，从而产生忠诚度和利润。

有时，品牌自身就能创造价值。在全球范围内，品牌授权每年能够带来超过 1 870 亿美元的销售额。从迪士尼到英国广播公司，从新奇士到占边·波本，从纳斯卡赛车（NASCAR）到川崎（Kawasaki），这些企业通过品牌授权来开拓新市场和新产品。品牌授权的回报是巨大的，比如职业体育团队可以在品牌授权中挣到比门票收入更多的钱。

当客户对品牌的忠诚度特别高时，你会看到人们将他们喜爱的企业的标志文在身上，从哈雷·戴维森（Harley Davidson）到苹果；或是把它们列为自己最后的愿望，比如一位农夫去世后会使用带有明显的约翰迪尔标志的棺材。

有时，标志本身就可以成为产品。比如，一只猫的图像每年可以带来 50 亿美元的收入，日本公司三丽鸥（Sanrio）已经把凯蒂猫（Hello Kitty）打造成了一位享誉全球的明星，你可以在空中巴士的飞机上、芬达吉他（Fender Guitar）、中国台湾的一家妇产医院以及西班牙的 Zara 时装上看到她，她甚至被打扮成 KISS 乐队模样，还变成了 Lady Gaga 的一条裙子。

品牌表达的每一个细节会成就或是毁掉我们在消费者眼中的形象。

顶级酒店会在每一个细节上让他们的表达变得完美。伊斯坦布尔塞拉宫凯宾斯基酒店使用了仿古式家具和华丽的吊灯；法国戛纳马丁内斯酒店让他们的艺术装饰呈现完美；迪拜的卓美亚帆船酒店充分地展示了颓废之美，从肥皂碟到直升机停机坪，所有的细节都在表达着品牌的内涵，这也让他们敢于对顶级套间收取每晚 30 000 美元的费用。

品牌表达不仅仅是消费类产品展示自己的方法，B2B 公司也正在学习更好地传达和变现他们的品牌价值。通过发起耗资 1 亿美元的名为“Intel Inside”的市场营销活动，英特尔从一家二线的芯片制造商成长为行业领袖，公司的市值在 7 年间也从 100 亿美元涨到 2 000 亿美元。作为世界上最有价值的品牌之一，其品牌价值达到 350 亿美元。

> 我们的设计和品牌就是我们的声音，它告诉世界我们是谁。

对品牌进行重新定位不仅仅可以转变一个企业的理念，还能改变企业的产品品类。在美国，猪肉是人们的第三种选择，其需求量远低于牛肉和鸡肉，因为人们认为它不健康。1987 年，美国猪肉协会通过一次名为“另一种白肉”的市场营销活动彻底地对猪肉进行了重新定位。这个活动使公众了解了一些鲜为人知的事实，比如猪肉与鸡肉的脂肪含量相当，并且和牛肉一样多汁。随着那些关注健康的消费者改变了他们的想法并且开始品尝猪肉的美味，猪肉的销量在 4 年内增长了 20%。

六大源泉之环境

环境就是我们周围的所有东西，它包括政府的力量、规章条例、教育、经济、文化、媒体以及有影响力的个人，比如意见领袖、社会名流、活动家和博客作家。这种一对多和多对一的影响力串联起每一个源泉，创造出众多的引爆点。

近年来，经济被看作是机会的死神，但事实上它为人们打开了一些意料之外的机会大门。人们减少了在外用餐的次数，使在家烹饪得到了复兴，这就为一些新的电视节目、美食产品和家用电器带来了机会。另一方面，超级折扣商店出现了爆发式的成长，它们现在会销售很多的食品类产品。

环境中的力量常常会发生冲突，它们争夺着统治地位。互联网连接了世界上三分之一的人口，而且这个比例在逐年增加。社交媒体在那些你意料之外的地方得到了最广泛的应用，比如菲律宾、俄罗斯和巴西。同时，中东地区、古巴、俄罗斯以及其他一些国家和地区却在对它的使用进行限制。这些力量的冲突决定了我们如何来讲述我们的故事和销售我们的产品。

知识产权已经成为机会变现的核心因素，在未来，它也许在技术和商业模式的领域应用得更少，而更多地掌握在人们手中。

众包和开源模式预示着世界也许远离了一种集中控制的模式。为科学探索而进行的融资也变得更公开了。然而，大多数企业仍然需要确保他们在研发上的投资有保证并且得到变现。结果，像中国这样的国家，现在也正在尝试通过完善立法来鼓励国内和国外的创新。

那些我们用来推动机会的资源本身也在创造机会。

我们的自然资源在不断变化。随着在美国发现新的油田、在俄罗斯发现天然气，以及风能、海浪和太阳能在全球范围内的广泛应用，能源工业正在经历快速的变化。

机会的主要资源——人，也在不断变化。

如今，人们会更频繁地迁移，这就带来了住房、城市建设和消费者品味方面的新机会。然而在很多国家，超过一半的能够激发成长机会的人才正等待着被发现。70多个国家的妇女的受教育机会受限，占贫困人口总数的70%。

虽然机会过去常常主要掌握在企业手中，但是随着世界变得更加连通，它也与消费者有了更密切的关系。

> 环境的影响就像多米诺骨牌，它会创造出源源不断的机会。

汤姆布鞋的发展正是由一种简单创意形成一种文化的典型案例。当布莱克·麦考斯（Blake Mycoskie）看到贫困人口对鞋的需求后，他创立了这一品牌，而且每卖出一双鞋，就会有一双鞋被捐赠给需要它的人。这种模式引领了潮流，成千上万的人将他们的鞋的照片上传至Facebook。超过200万双鞋已经被捐赠给了51个国家的儿童。这个案例已经成为了组织发现早期机会的榜样。

机会思维

☆ 机会思维超越了创新，它被市场、技术、新的商业模式或是设计思维所驱动，它着眼于所有的成长源泉。

☆ 为机会下定义，需要我们更全面地认识其来源。

☆ 了解了六大源泉，我们既可以发现机会，也可以创造机会。

第 4 章　最大化关系，从而最大化机会

是谁开启了 15 世纪及以后的所有机会？一个家族占据了探险和发现时代的影响力的中心位置。14 世纪，美第奇家族在意大利福罗伦斯城就忙着打下根基。他们经营纺织品；因为生意兴隆，他们在 1937 年开办了一家自己的银行——美第奇银行，并且通过这家银行资助了很多次探险活动。当然，一家好的银行需要有好的会计账单，他们有了一个令人兴奋的发明——双条目的记账簿！也许这不算一种最激动人心的发明，但是它为企业的成长铺平了道路，也资助了更多的发展项目。

他们资助了多位艺术家和科学家，包括米开朗基罗、达芬奇和波蒂切利。他们邀请伽利略来为孩子们上课，并允许他在闲暇时间画画宇宙的地图。他们的儿孙们也都成为了政治领袖和宗教界领袖，影响着社会的发展。想象一下他们在晚餐桌上的谈话吧！几百年来，他们总是将机会联系在一起。

艺术、政治、技术、商业结构和声誉都是互相联结的。在这个家族的历史中，我们看到了六大源泉聚集在一起，互相影响，产生串联效应，共同扩展机会。

他们的家庭关系影响着机会的本质。我们不应该感到奇怪，因为机会本身就来自于关系。“入港”让我们想起机会就是将港口、货物和环境条件结合在一起。所以，根据定义，机会就是完美的条件：当需求遇到供给、需要遇到发明时，创造力就变成了解决方案。

六大源泉之间有以下多种关系有很多种。

矛盾：市场需求之物与那些能够被生产以及应该被生产之物之间的激烈竞争。

协同效应：六大源泉协同工作来分享人才并创造出新东西的潜力。

> 它们有一个共同的核心：一个成为机会仲裁者的焦点。

联系：机会相关者之间的关系，它贯穿于我们的组织与更大的生态系统之间。

机会的核心

只有当机会有理由实现并且有受益人时，它才能算是一个真正的机会。我们认为机会的主要受益者是我们自己，我们的组织、员工和股东是最盼望成长的那群人。确实，我们是成长的受惠者，但是我们不是机会的主要受惠者。

受惠者是那些我们为之创造价值的个人。他们才是机会的核心。

对于消费品企业来说，核心就是个人消费者。在这里，机会通过以下方式来得到拓展：关注个人消费者的需求、为特殊客户定制产品，以及提供多种多样的产品以便让每一个人都能找到他想要的东西，从洗发水到笔记本电脑。对 B2B 公司来说，有购买力的企业是消费者。在这种情况下，机会通过以下方式发展：理解目标销售企业的具体需求，为每一个决策者和用户解决问题。对非政府组织（NGO）或非营利机构来说，核心就是社区。当 NGO 着眼于社区中每一个体的独一无二的角色时，他们就能够使项目很快地被接受。虽然这六大源泉作为一个整体考虑的是市场、环境和组织中的人的集合，但核心却代表着个人。这也提醒我们机会属于个人，最终个人决定着机会的命运。

如图 4—1 所示，六大源泉中的每一个都以不同的方式为核心服务。一种商业模式也许被设计用来获取新的利润，但如果它要取得成功，还必须满足消费者的需求。一种技术只有最终被消费者发现其价值，才会被认可。六大源泉中的机会专注于为核心创新，而不是从核心中创新。

图 4—1　机会的六大源泉与机会核心的关系

机会的张力

正如六大源泉都与核心相关联一样，它们之间也是相关联的。他们受到有弹性的束缚。有的源泉会产生推动影响力，而另一些则会产生拉动影响力。图 4—2 顶端的源泉——技术、品牌表达和商业模式——是我们能提供的主要部分和所能产生的推动影响力，而底端的源泉——市场、环境和组织——则都代表着人的集合以及产生的拉动影响力。

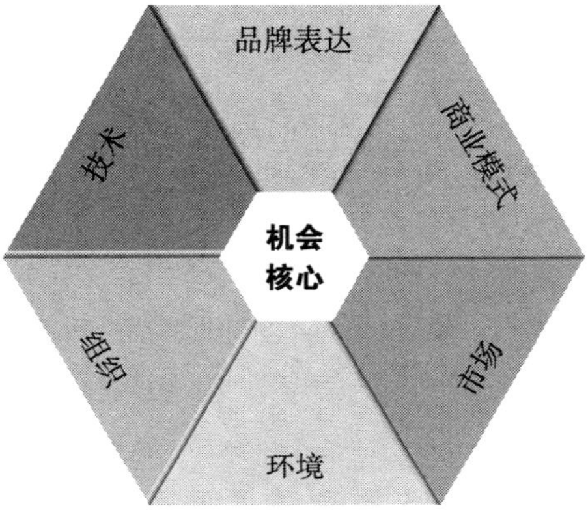

图 4—2　机会的六大源泉与机会的核心

源泉要想推动机会的产生和成长，它们需要来自市场、环境和组织的巨大的潜在拉动力。而拉动力要想促使机会生根发芽，它必须与那些新技术、品牌表达和商业模式的发明和创造所产生的推动力保持同步。在这些源泉之间形成了一个推动力和拉动力的动态系统，它反映了成长的创造性张力。虽然我们可以在每一个源泉中挖掘机会，但它们之间的这种张力才是机会定义的核心。当它们相互作用时就产生了成对的源泉，它们以一种和谐的作用力彼此影响，相互适应。

技术推动力—市场拉动力

技术推动力和市场拉动力是一对众所周知的冲突体，它常常成为那些关于如何取得成长的争论的根源。一些人坚持认为伟大的机会存在于二者中的一种中。然而，只有它们两者结合，才能带来机会；它们一起创造出影响力的复合周期。如果没有市场需求，一种新技术就毫无价值，当然有时也很难讲市场会接受什么——新技术可以成为游戏规则的改变者，并使组织意识到那些未被发现的需求。反过来，需求明确的市场会驱动组织去开发新技术以满足这些需求，这些技术反过来又会带来可以被推向新市场的平台。就像飞轮一样，这些变化推动了变化，并且产生更多新的变化。

智者创造出的机会比他们发现的机会更多。

在每一个行业中，我们都能看到技术和市场的推动力以及拉动力。它们也许在重大技术变革中表现得更明显，比如电力、互联网或者计算机芯片。然而，在任何以市场为导向而发生的技术进步中，这种力量都会出现。

人们对甜品的关注从蜂蜜延伸到白糖再到玉米糖浆。随着人们越来越关注体重增加的问题，消费者越来越想要低卡路里的甜味剂，低脂糖（Sweet'N Low）、纽特（NtraSweet）、三氯蔗糖（Splenda）被相继开发出来。这些人工甜味剂拓展了减肥食品的市场，成百上千种新食品和饮料产品也相继出现。但是，市场也在变化，现在人们需要的是天然替代品，比如蔬菜中的麦芽糖醇、李子中的山梨醇、燕麦中的木糖醇、甜菜根中的巴糖醇、梨子中的赤藓糖醇以及其他品种的替代品，比如南美洲一种灌木中的甜菊糖甙和在墨西哥丛林中发现的龙舌兰花蜜。

发明的推动和市场需求的拉动会促进每一个行业的成长，它们最终都为这些成长带来了新的机会。

商业模式推动力—组织拉动力

这种推动和拉动的张力同样也存在于商业模式和组织之间。组织常常会寻找新的商业模式以提升利润率和销售额。创新商业模式也是为了推动组织创造新的价值。但是，新的商业模式也会推动，有时甚至会使组织对如何传递这个价值做出激进的改变。这就要求组织在价值传递过程中学会新的技能，比如提供服务而不仅仅是产品，销售价值而不仅仅关注销量。组织内部的反抗势力通常会拒绝做出这些与以往经营方式相距甚远的改变。有时，这种转变会非常困难，以至于组织无法实现这种飞跃。

亚马逊第一个取得了网上售书的成功，而不是巴诺书店和博德斯书店。是后来者——日本的索尼公司和尼康公司，以及手机制造商摩托罗拉和诺基亚创造出了取代胶片的货币化的数字摄影商业模式，而不是柯达和宝丽来。

成功采用了新商业模式的组织常常会领导整个行业的转型。

推动力和拉动力之间的和谐关系主宰着机会的潜力。

表达推动力—环境拉动力

第三个推动和拉动的张力表现在我们的品牌表达方式和环境之间。我们的品牌和设计可以改变文化，也可以被文化所影响。就如同那个相同的问题：是艺术创造了文化，还是文化激发了艺术？我们的品牌表达方式让我们去与市场、环境以及员工沟通，而更广泛意义上的文化帮助我们去成为或适应我们口中的自己。环境成为我们要传递的信息的听众、翻译、支持者和评判者，所以它的影响力可以为品牌表达创造新的机会。

> 利用各个源泉之间的推动力和拉动力，我们可以创造出更大的机会。它将协调我们在某一个源泉中可以做的事情，延伸它，并确保我们获得更大的成功。

通过不断的实践，耐克成为了一个大品牌。当耐克面对社会舆论对其血汗工厂的质疑时，当它的鞋成为黑社会的标志时，公司改变了策略。他们请来了精心挑选的代言人——首先是迈克尔·乔丹和塞蕾娜·威廉姆斯这种级别的运动员，接着是像斯派克·李（Spike Lee）那样的名人，最后是像世界杯一样的话题事件——通过环境发出的声音来表达他们新的定位。环境塑造了耐克的品牌表达形式。反过来，耐克的品牌表达形式也塑造了环境。它的口号“Just do it”已经成为了一句流行语，被广泛使用在书名、电视节目和饶舌音乐的歌词中。

机会的协同效应

当这些张力出现时，它们之间也会出现协同效应。相邻的源泉有很多共同点。

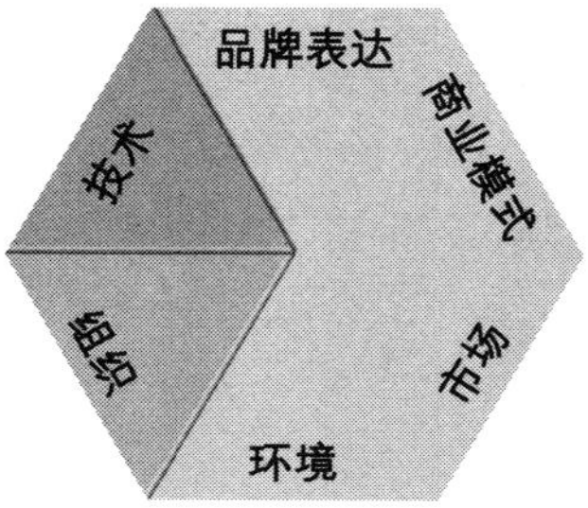

组织为培养能力、积累资产和保护知识产权所需的技术设施，而作为回报，技术会帮助组织进行流程改进并带来潜在利润。

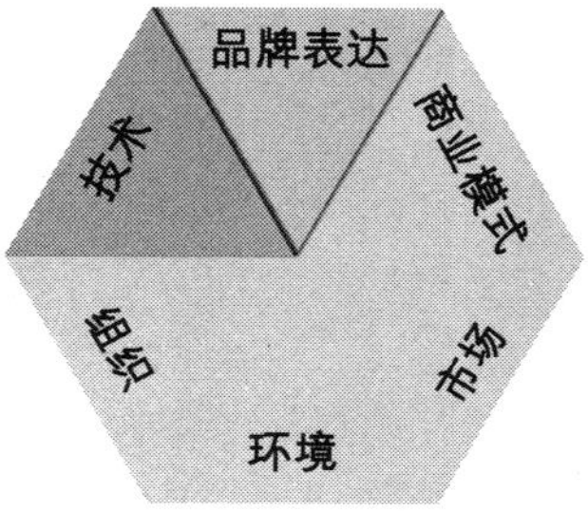

技术和品牌表达有相同的设计功能：创造实用性产品、体验、包装设计的美感的同时，实现图像设计和品牌标识的形象化。设计既属于技术领域，又属于品牌表达领域。

对市场而言，品牌表达和商业模式形成了产品和服务的定位。品牌表达创造出高溢价的品牌，而商业模式决定着价格点和对品牌进行投资的程度。

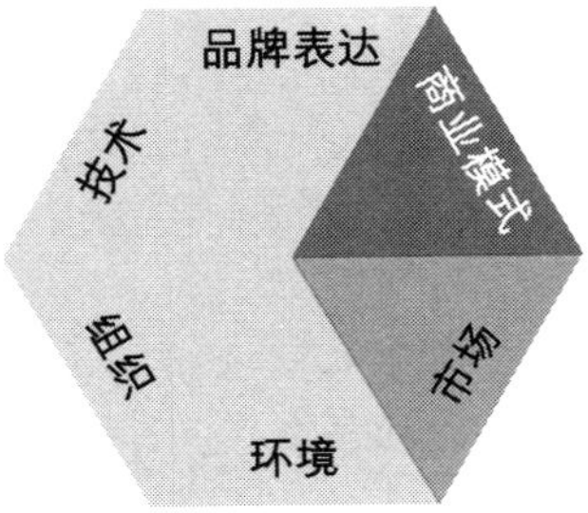

商业模式和市场共同创造出经典的供需关系。当价格上升时，需求就会下降，反之亦然。市场会为商业模式提供它能够接受的信息，同时也会推动商业模式去抓住更多的市场潜力。

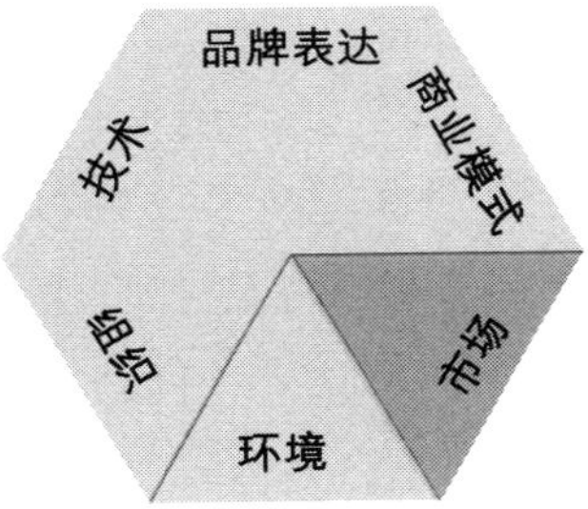

市场存在于更大的环境中，同时又会影响它。市场的一部分被文化和环境中经济与监管的动态关系所定义，但它也是这些宏观影响的起源和驱动力。

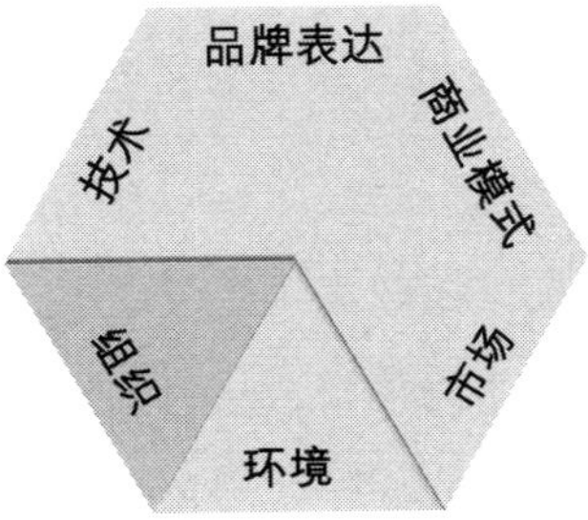

组织存在于环境中，并且使用着环境中的自然资源和人力资源。环境为商业运营提供法律和文化保障。商业组织支撑着经济的发展，为政府提供税收，并且在理想情况下通过三重底线来修复环境。

机会影响力

虽然六大源泉在机会中有各自的角色，但它们不是在所有的情况下都能够获得相同的关注。基于业务和功能的性质，其中某些会更加适用。科技企业更关注研发，银行更关注他们的商业模式，而零售商则更关注市场。能力往往会让我们更适合从某一个源泉中获得成长，但成长不会总发生在明显之处。新的机会也许会存在于那些我们最不看好以及很少有竞争对手关注的地方。

咖啡企业可以持续改进它们的烘焙工艺，但星巴克在创建第三空间时发现了机会。第三空间是你除了工作单位和家之外会去的那个地方，这种成长正是来自环境、商业模式和品牌表达。

长久以来，杂货店都只是在他们的供应商和顾客身上寻找机会，但最近他们却从新的商业模式和带动快递服务业发展的在线销售中找到了成长的机会。

那些一直能从他们的技术、产品研发和市场中获得盈利的企业在新的商业模式中发现了成长机会——租赁。劳斯莱斯的“小时包修”项目就是一个完美的例子。他们为飞机提供发动机，并对保修事宜和零部件收费。这样，航空公司就可以摆脱繁琐的飞机保养管理流程，并保持固定的保养维修成本和零部件成本，从而可以集中精力发现成长的机会。租赁为所有在发展中国家寻找盈利机会的设备企业提供了便利的条件。在这些市场中，先期投入的成本对顾客来说往往都太大了，他们会更倾向于随用随付的租赁模式。

我们的自画像

每一个源泉不仅仅代表了机会的源头，还代表了组织中那些能够创造和抓住机会的人。从研发到品牌，从财务到市场营销，从公共事务到运营，我们每一个人在机会中都有自己的角色。我们的任务就是在自己的职能中探索机会：研发部门开发技术；市场营销部门关注需求和市场细分；品牌经理表达我们的诉求；财务分析师夯实商业模式；工程部门改进生产流程；法务确保我们没有后顾之忧。当我们每个人都能够完成自己的分内之事时，机会就会增加。就机会而言，整体的作用总会大于部分之和。

各个源泉之间的推动力和拉动力、它们之间的协同效应以及它们在核心中的共同目的创造出了最大的机会。机会不仅仅会在六大源泉中出现，还会出现在它们的互动之中。而有时，这些源泉之间的互动远比我们做得多。

要抓住机会，就要求我们用像源泉自身之间互动的相同的强度、协调度、渴望度和创造性来进行互动。正是在这种互动中，我们才有可能抓住大机会。

我们的组织看起来不像是机会的世界。

当这六大源泉结合到一起，机会就会出现并得到满足。当我们的组织无法模仿它们之间的互动，而是隐藏在各自的功能内部，我们就有可能错过机会，有可能面对风险，因为我们生产了与需求不相符的产品。

为了说明跨职能的重要性，我们假设我们在一家传统式封闭的企业中正着手去做一些不寻常的事情。我们要努力去创造出一只鸟！我们的流程会是怎样的？当然是分工协作。研发和工程部门设计出能够完美飞行的翅膀；供应链做出用来收集食物的鸟嘴；信息技术团队制造出最聪明的鸟的大脑；品牌和市场营销部门来解决羽毛和鸟语；运营团队解决其筑巢的本领。每一个部门都各司其职，为鸟的某一部分做出最好的设计。但当我们将所有部分组装在一起时，这只鸟却飞不起来，并且毫无疑问的是，它连5分钟都坚持不了就会被捕食者吃掉。

当我们的产品以这种方式被设计出来，它无法取得成功就一点儿也不奇怪了。寻找机会也是一样的，如果我们只关注局部而不关注整体，也同样无法取得成功。

世界观

协作的重要性不仅仅局限在企业内部。人们组成的六大源泉功能组仅仅是一个更广阔的世界的缩影，包括那些影响机会的技术人员、设计师、财务人员、制造者和市场营销人员，他们共同组成了机会的生态系统。

这个生态系统中也有我们的竞争对手，他们也可以用六大源泉来描述。

竞争对手通过所有的源泉来对我们施加影响。他们会创造并保护技术。他们打造影响文化和市场的品牌，发布一些广告信息。他们的商业模式为占领竞争的统治地位而建立，他们的组织也在争夺人才。他们抢占货架和橱柜，以及在顾客心中的位置。

每一个机会生态系统都是独一无二的。

在我们的竞争之上存在着这样一个世界，这个世界因为人们创造性地推动能力和需求之间的边界而突然被打开。机会的生态系统由影响、研究和参与其中的人和团体组成。每一个机会的生态系统都是独一无二的——它不是整个世界，是所有机会参与者的总和，这确实是一个很大的群体。

我们会选择忽略机会生态系统中的某些人，而消费者却不会。他们会受到各种观点和虚假想象的影响，尤其是在世界变得更加连通时，比如现在。

机会的生态系统就像是一个万花筒，里面有各种重叠的生态系统。

威图（Vertu）是一家奢侈品移动电话公司，由诺基亚于1998年在英国创立。这家公司设计并生产出了世界上最贵的手机，这款手机的外壳由钻石和宝石装饰，售价在3 500到213 000英镑之间（大约5 400到333 500美元）。他们避开了传统的销售渠道。从一开始，他们就严格地定义了他们的机会生态系统，并让它有目的地为他们工作。他们从向名人赠送手机开始，依靠这些名人的社交圈以及狗仔队来帮助他们向全世界推广他们的产品。与法拉利以及法国手表珠宝设计师宝诗龙（Boucheron）的合作进一步确定了他们的品牌形象和客户群体。他们与迪拜、莫斯科、米兰、东京、北京、香港、孟买、洛杉矶、纽约和伦敦的独家服务供应商合作，提供个人礼宾服务。比如英国最古老的葡萄酒与烈酒商Berry Bros & Rudd会给予威图用户稀有葡萄酒收藏品的优先选择权。威图和机会的生态系统联手创造了这个机会。

深入机会的生态系统，在其中寻找洞察，并且引导成员开展有意义的互动，会为我们提供更丰富的视角去瞄准机会并最终进一步地拓展机会。

开放创新和开拓机会

机会的生态系统定义了我们可以获得的关系的深度和广度。无论是向外还是向内看，组织都能发现无限的可能性。这些年来，当越来越多的企业通过从外部引进技术资源来探索开放式创新时，这已经变得非常明显了。他们意识到，不管人才招募做得有多好，他们也不可能招募到所有的聪明人。

站在机会的视角来看待开放式创新为我们奠定了基础，并极大地拓展了我们的潜力。当更多的注意力集中在从研发内部产生新创意时，我们不需要将开放性仅仅局限于研发或创意上。理解了生态系统的广度会将我们的开放性扩展到六大源泉，并且使我们的能力从产生创意提升到发展机会。企业每个职能部门的人都可以实践某种开放性。他们既可以通过这样做来产生创意，也可以拓展他们的机会。毕竟，机会是通过关系创造出来的，当我们与其他人联络时，我们既拓展了关系网络，又拓展了我们的机会。我们从实践开放式创新上升到实践开放的机会。

联合其他企业的人去一起探索和创造机会可以从每一个职能部门内部开始，比如通过行业协会中的非正式关系，这种实践已经出现很多年了。在更正式的条件下，我们发现企业可以通过联合联营来分享最佳实践。当人们聚在一起分享他们关于精益生产和可持续发展的实践时，这就是开放性的表现之一。那些团结起来进行自我约束的企业正在通过创新去改善他们的行业，同时也可以使自己不受政府的牵制。

在食品行业，很多企业，包括百事可乐、康尼格拉食品公司（ConAgra）、玛尔斯糖果公司（Mars）和金宝汤已经联合起来进行自我约束，承诺在面向儿童的广告中保持至少50%的健康内容。

设计师们一起分享对新材料的见解；建立合作伙伴关系去追逐更大的发展机会；为了用新方式来扩大品牌声誉，产品使用联合品牌……所有这些努力都在为参与者和他们的追随者延伸机会。

关系产生关系

当人们跨部门展开合作时，开放的机会和开放式创新就会被进一步扩展。

组织 + 环境

People Tree 是一家英国的时装公司，它以销售一些独一无二的手工制品为特色，这些手工制品是发展中国家的一些妇女制作的。当她们通过 People Tree 的全球销售网络销售她们的产品时，获得的收益会比平时高出很多。通过开放他们的组织去雇用世界各地的人或是与他们开展合作，People Tree 为消费者创造出了新的价值，并且为发展中国家的人们提供了一个提高生活水平的机会，这又会激发其他的机会。在实践开放式创新之前，实践开放的机会可以提高成功的概率。

品牌 + 消费者

品牌会因其消费者更大的开放性获益。通过不断地举办摄影比赛，以及从公司网站上的定制饮料瓶设计工具来收集创意，琼斯苏打水公司（Jones Soda）从生态系统中获得了丰富想象力，开创出一种饮料瓶标签审美学。

技术 + 环境 + 消费者

传统方式下，发明家会从政府、企业和风险投资家处寻找资金。但是，新一代的“车库发明家”通过众筹来从对他们的发明创造感兴趣的人群那里获得投资和反馈。众筹网站 Kickstarter 已经帮助 35 000 个项目向 500 万人融资超过 5 亿美元。创意产品开发公司 Quirky 吸引投资和寻找洞察，并与超过

188 个零售商合作，在线上销售他们的产品。他们已经发布了超过 350 种新产品，每一个产品都会标明发明者和贡献想法的人的数目。大约有 400 000 位有发明才能的合作者参与了进来，公司平均每周会发布两种新产品。

设计＋技术＋市场

美国通用电气塑料制品公司在工业品行业引领了一个新的趋势，他们与世界上最大的设计公司——费奇公司（Fitch）成立了合资公司。他们用设计来激发关于他们的材料可能做些什么的新思维；这样做也拓展了他们的机会，从而卖出了更多的材料。从此以后，德国的拜耳材料科学（Bayer Materials Sciences）和巴斯夫（BASF）、荷兰的帝斯曼（DSM）、美国的纺织和化学公司美利肯（Milliken）以及铝业公司诺威力（Novelis）也陆续与其他设计公司建立了设计中心。

商业模式＋环境

因为缺乏运营资金，发展中国家的社区水净化项目经常会失败。水生活（Waterlife）是一家新成立的公司，他们已经建立起政府和私营企业的合作关系，利用这样的关系，他们在印度帮助政府运营工厂，并向用户收取使用费。目前他们管理着超过 2 000 家工厂，并以每年 300% 的速度成长。

> 我们需要用一种文化去定义一个变革型文化的机会。

就像转动一个万花筒，由重叠连接产生的潜在的并且有创造性的成果会层出不穷。

这些例子很多都是好创意，甚至是黄金创意，每一个都拓展了潜在的机会。这些创意都很大，只留给其他人一些小机会——做事情的新方法、新的合作伙伴、贯穿机会的生态系统的新思维。机会通过组织对其他人的开放性而得到拓展。在实践开放式创新之前实践开放的机会可以提高成功的概率。

机会的整体形象

当我们沿着六大源泉去追寻机会时，我们知道机会可以通过某一种源泉中的活动得到拓展，但是单一的源泉无法反映完整的机会。

机会可以通过与核心建立联系来被关注和改善，通过期望的相互让步和在推动和拉动的张力中找到的发明来得以延伸，通过相邻源泉之间的关系来得到丰富，并且当我们把自己开放给我们的同事和更广泛的机会生态系统时，机会也超越了我们的想象而被开启。

一个热门机会

想想一个成长机会……家用电器！听起来有点无趣？但对于超过 30 亿还没有一个安全炉灶，更别提冰箱、洗衣机或洗碗机的人们来说却不是，这个需求超出了便利的范畴。每年有超过 190 万人死于做饭时所产生的烟雾，它也成为发展中国家第四大致死原因。再加上对环境的影响（做一次饭的炉火会产生和一辆汽车同样多的二氧化碳，并且会导致滥砍滥伐），很多人都意识到了这个问题。发明家聚在一起设计新的解决方案。俄勒冈州的炉灶营地（Stovecamp）就吸引了大批设计师，他们致力于发明一种至少可以使用五年的炉灶，它能烹饪多种食品，可以清洁地燃烧木头而只产生很少的烟雾，而且成本只有 10 美元。Envirofit.org 发布了一系列能够满足不同消费者烹饪需求和燃料需求的炉灶。在与壳牌石油基金会（Shell Oil' s Foundation）的合作项目中，他们开发出新的分销渠道，印度和非洲所有的当地人、非政府组织和政府机构都积极地参与其中。他们现在正在与一家碳金融组织 C-Quest 合作，在拉丁美洲和非洲销售这种炉灶。通过一种创新型的商业模式，C-Quest 承担炉灶的成本，通过销售每年从每个炉灶节省下来的二氧化碳的碳信用额度来收回投资。由于联合国发布了有关碳信用额度的新指引，这种模式取得了成功。

这个由家用电器所创造的机会没有仅仅局限在炉灶和贫困地区。通过为全球发达和发展中国家的人们设计出尺寸合适的家用电器，中国的海尔集团已经成为全球最大的白色家电公司。而中国的海信公司正在为高端市场设计可以使用安卓系统来控制的家用电器。

世事的发展本来就是波浪式的，人们要是能够趁着浪潮一往直前，一定可以功成名就；要是不能把握时机，就会终身蹭蹬，一事无成。我们现在正在海上漂浮，倘若不能顺水行舟，我们的事业就会一败涂地。

这个机会生态系统中充满了巨大的成长潜力。对家用电器的需求仍然存在，为了满足这些需求，也需要新的商业模式、技术、品牌以及组织合作的新方式。

对家用电器的需求已经存在很久了，但如今，机会的新形态是流程、商业模式、文化、法律以及意识等变化的结果。很多力量聚集在一起驱动了机会的形成。这就是那幅港口、货物、潮汐和风的时机的图画——一幅被莎士比亚在很久以前就意识到并描绘出的图画，一幅对我们所做之事同样适用的图画。

机会思维

☆ 机会存在于关系之中。最大化我们的关系，我们就能最大化我们的机会。

☆ 生态系统包括那些观察、影响和参与机会的人。

☆ 我们需要在进行开放式创新之前先探索开放的机会。

☆ 我们每个人都是活跃的机会参与者。

04 开启探索机会之旅

机会的趋势、维度和洞察定义了机会的高度、宽度、广度和深度。

探险时代不仅仅是一艘船、一张帆，也不仅仅是香料和丝绸，它是一个信息的时代。长途旅行带来了对新种类信息的需求，进而促成了技术革命。探险家都是那个繁荣时期的技术达人。他们寻找着最先进的工具和设备；他们抢购望远镜，并且很快就学会了如何看得更远；他们投资购买六分仪、象限仪、航海星盘和地球仪，并且很快学会了运用空间思维；当他们阅读、记录并使用新发明的印刷机出版书籍时，他们有了更色彩斑斓和更丰富的想象力。

发现之旅不是发现新景观，而是获得新视野。

印刷机不仅仅印刷出有关新大陆的报告，而且还印刷出大量关于科学、艺术以及航海的书籍。人们正在寻找探险的方法论。佩德拉•麦地那（Pedra de Medina）于1545年出版的《航海术》（*Arte De Navegar*）被翻译成法语、意大利语、荷兰语和英语。1594年，约翰•戴维斯（John Davis）在《海员的秘密》（*Seaman's Secrets*）一书中讲述了他的秘密。当政府和探险家同时竞争着名誉和财富时，他们实际是在争夺知识——那些有关如何探险的先进知识。

同样地，我们这些机会探索者也需要升级我们的游戏——如果我们想要发现机会，我们就需要最先进的方法。然而，那些能够帮助我们发现机会的工具箱在哪里？

毕竟，我们需要有更广阔的视野，这样才能知道在地平线上出现的是什么，才能知道哪些已经出现的东西对我们来说是机会。趋势就是关键，它能让我们看得更远。

我们还需要知道我们在哪里，我们要往哪里去，知道哪里有机会，哪里没有。为机会标出各种维度是弄懂机会格局的诀窍。

最后，我们需要看到我们发现的大陆的全貌，并且为其他人记录下我们的发现，这样我们就可以把握住机会。我们要善于利用丰富的洞察，并且让其他人与我们一起来发现机会。

我们有很多方法来发现机会，它们是我们探索的工具——三个机会发现器。机会的趋势、维度和洞察定义了机会的高度、宽度、广度和深度。通过它们，我们探索机会，解决问题，并发现机会所在。

机会思维

☆ 我们在定义机会时能够有章可循。

☆ 探索机会的工具箱里有三个机会发现器：

- 机会的趋势，帮助我们关注正在发生什么；
- 机会的维度，帮助我们弄懂地形和发展的方向；
- 机会的洞察，帮助我们发现机会的丰富本质。

第 5 章 观望未来的望远镜：大趋势

机会趋势：探索机会的蓝图

在 1982 年天气频道开播之前，就已经有了创立于 1654 年的美第奇网络（Medici Network）。这是人们第一次为收集温度以及其他气象数据，比如降雨、气压、蒸发率和洋流而作出的协同努力。这个网络横跨地中海沿岸以及更远的 11 个不同的地区，包括今天的意大利、法国、德国、奥地利和波兰。气象信息定期地被收集、汇总和分析。这个网络使可以反映出地区间大气压变化的气象地图成为可能，这也是气象系统的本质。通过跟踪气象模式、理解变化的规律，我们可以提前数小时知道气象条件是否适合船入港。

> 宇宙就是变化。我们的生活就是由我们的想法组成的。

气候和海洋条件既是我们的朋友，也是我们的敌人，它们有时对我们有利，有时却会危及商人的财富。

同样，世界的变化也开启或者关闭了机会之窗。如果没有变化，我们很快就会耗尽现有的机会。人在变化，技术在变化，文化在变化，机会也会随着新产品的出现而出现或者消失。变化就像洗牌，它可能发给我们正需要的那张牌，也可能发给我们不想要的。

事情往往是互相矛盾的，我们讨厌变化却喜欢新事物。既然我们已经认识到如果没有变化，机会就会停滞、减少或者完全枯竭，所以为了发现新的机会，我们必须调整自己，从被动接受变为主动拥抱变化。

我们必须学会适应甚至从容应对各种变化，从宏观趋势到微观趋势，每一种趋势都可以帮助我们探索机会的蓝图，并且观察新机会可能会在哪里出现。

机会蓝图的掌控者：大趋势

大趋势是那些控制我们机会蓝图的主要的气象模式，它们会影响不同的行业和人群，会引起全球范围内的变化。大趋势包括人口老龄化、资源短缺、气候变化、城市化以及经济向发展中国家转移，它们是机会的主要催化剂，影响着生态系统中无数的社区，影响着商业条件、消费者市场和自然环境。

大趋势常常是已经非常明确的了，以至于它们不再被人们认为是趋势了。它们看起来不会再产生新的机会，然而，它们还是在产生新的机会。

想想人口老龄化吧（这涉及我们每一个人）。今天，超过 60 岁的人口有 8.17 亿，到 2050 年，这个数字将达到 20 亿。这其中，80% 的老人生活在现在的发展中国家。每一个大洲 60 岁以上的人口都会增加至少 50%。全球范围内，这会为住房、医疗、公共安全和营养等方面带来很大的风险。

但并不是全世界都是这样。比如在美国，大约有 25% 的人口超过了 60 岁，但他们拥有美国 40% 的消费能力，几乎每年消费 2 万亿美元。

> 也许大趋势已无新鲜感，但是它们的影响如此之大，以至于总是可以带来无穷的机会。

很多人没有注意到这一点，那就是伴随着他们越来越健康和年轻化的生活方式，这个细分市场拥有巨大的消费能力，这会持续不断地创造出机会。

很多的行业和地区都充满了机会。抗衰老产品已经出现爆发式增长，从玉兰油到肉毒杆菌，从抗衰老补品到含有维生素的水。

旅游和休闲产业开发出了特色游轮和游程，而金融行业也开发出了新的投资产品。也许婚恋行业最令人印象深刻的成长来自在线约会服务。

行业的直接影响者：微趋势

相反，微趋势只会影响部分行业、地区或者人群，它们就像是只针对某一地区的气象系统。

不是所有人都会关注全球范围内的氦气短缺，氦是地球上第二丰富的化学元素，它存在我们的每一次呼吸中。我们可以从空气和天然气中提取氦气，并用于工业制冷，比如计算机晶圆芯片的制造、焊接和太空探险。

微趋势可以蔓延到相邻的领域，以一种出乎意料的方式影响我们的生活。也许你不得不在你的下一个生日晚会上用皮纳塔（Pinata）[①] 取代气球；也许你很难再约到一次核磁共振扫描。一种资源的短缺意味着创新必须发生在其他地方。所以，医疗设备企业正忙于减少其设备中的氦气用量。

微趋势总是出现在特定的区域和人群中。当城市化的大趋势和人们对新鲜的当地食品的需求发生碰撞时，城市农场这一微趋势就出现了。从楼顶花园到在疏水管中种植草莓，以及在垃圾箱里种植土豆，人们在尝试用各种新方法去种植新鲜的食品。

一些微趋势是从大趋势中衍生出来的。随着城市化进程的加快和建筑材料价格的上涨，我们发明了微型住房。与传统住房相比，微型住房只使用很少量的建筑材料，产生更少的浪费，并有超高的利用率。最初，这种微型住房只建造在日本以及其他一些人口稠密的国家和地区，后来美国注意到了微型住房。在卡特里娜飓风过后，他们建造起了300平方英尺的卡特里娜小木屋，并将它们用做临时住所。他们的设计获得了大家的关注。随后，拥有优

① 墨西哥人在过圣诞节或生日时将玩具、糖果等礼物放在这种罐子内，并将罐子悬挂在天花板上，由蒙住眼睛的儿童用木棒击破。——译者注

雅设计的高端微型住房出现在西雅图、纽约、旧金山、波士顿、巴塞罗那和曼彻斯特，当然还有日本。

多米诺骨牌一旦开始倒下，它们就无法停止，最终都会对我们产生影响。

因为量级和影响力，不论是大趋势还是微趋势都很容易被识别出。我们把它们当作望远镜来观望未来。因为行业、市场、技术和资源都不是孤立于相邻领域的，所以我们需要将眼光放得更远一些。

六大变化

变化是不可避免的——无论是人群、自然资源或是新技术——它渗透到所有六大源泉之中。我们也许对那些传统的关注市场、环境或者技术变化的趋势报告习以为常，却忽略了商业模式、品牌表达和设计以及组织形式的趋势。

商业模式正在发生急剧的变化，特别是当企业在发展的市场中寻找扩张机会的新方法之时。从非洲到印度再到南美洲，小微无息贷款、政府和私营企业的合作以及租赁都有了新的应用形式。

品牌表达的趋势从品牌发展延伸到产品、包装和品牌设计的风格。人们不再那么信任大品牌，而将兴趣转移到那些小众品牌上。在酿造啤酒的品牌中，有一些听起来不那么入流的品牌最近出现了爆发式的成长，比如麋鹿的口水（Moose Drool）、Smooth Hoperato、Half-life Hefeweizen 以及 He'brew。

请将变化视为老师吧，它是唯一会保持不变的东西。

设计美学正在变化，变得更现代、更环保。当德国绿色住宅工程师和设计师安德里亚斯•弗勒泽（Andreas Froese）在洪都拉斯帮助当地人清理一个公园时，他意识到将会有很多塑料瓶被当作垃圾扔掉。他开始收集塑料瓶，并很快发明了一种将塑料瓶和沙子以及其他垃圾混合在一起来建造房子的方

变化在所有六个源泉中都会发生，它总是在一些出乎人料之处开启了新的机会。

法。他创建了 ECOTEC 公司，这家公司不仅自己盖房子，还培训拉丁美洲、印度和非洲的建筑工人使用这项技术。建筑师和建筑工人们也开始尝试使用更广泛的材料，比如对集装箱和船舶进行再利用、使用旧轮胎打地基或者使用瓶盖当马赛克等。

整个设计界正在经历一场革命，大家开始使用之前被弃用的材料。服装设计师米兹拉希（Mizrahi）用三文鱼皮制作了一条飘逸的长裙；耐克的 Trash Talk 鞋赢得了大奖，这种鞋是用那些原本会被扔掉的皮革、泡沫和橡胶做出来的。

组织也看到了变化。随着经济的衰退，他们已经进行了裁员。每年都有大量的大龄劳动力退休，而且很多企业都发现，他们必须加大对知识管理服务、软件和基础设施的投资。

种子趋势、循环趋势与互为矛盾的趋势

当世界正处于各种大机会和小机会的混沌中时，能够创造出下一个机会的变化还是太微小了，以至于无法被称为一种趋势。然而，它可能正是一个新事物的起点。

正如第一片雪花预示了冬天的来临，在生态系统中，第一次发生的那些几乎无法觉察到的微小变化也预示了下一个大趋势。它也许是一位艺术家的作品；一个寂寞却充满激情的意见领袖的响亮的声音；一家没有名气的创业企业的一项发明；或者是几位忙碌的博客作家之间的交流。我们将这些叫做种子趋势——它还不是真正的趋势，但却是新方向的一些细微迹象，也许是下一种可能的趋势。

一个有关“太平洋大垃圾带”的病毒视频描绘了这样一种景象：许多

塑料制品和矿泉水瓶都聚集在太平洋的一个漩涡中，有人说这个漩涡有得克萨斯州的面积那么大。于是就有了一期 TEDx 节目，演讲者解释了这个垃圾带形成的原因和影响。这些影响引起了人们对矿泉水瓶和其他一次性塑料制品的反思。这个事件的余波还使很多城市和国家考虑缩减给瓶装水的预算，并鼓励人们考虑使用替代品。一些自动饮水器被设计成可以为水瓶装水，而且还安装了一个装置，用以公布每填满一个重复使用的水瓶所能节省的塑料瓶的数量。

种子趋势也可能出现在新产品的引进过程中，这里的“新产品”是指那些第一个使用某种成分或者反映出某种特征的产品。在很多情况下，这些产品出自较小的企业，它们能够服务于利基市场，但市场不会长期保持在利基状态。

> 种种迹象都揭示了即将发生之事的发展空间。

趋势就像滚雪球一样，当雪球滚下山坡时，它们的速度和体积都在增加。然而，从长远来看，我们发现不是所有的趋势都会朝着一个方向发展，它们会重复循环，像季节一样交替变化。

就像季节性气候每年都会有所变化，趋势的循环也有它们自己的特点。

时尚在重复，经济在循环，政治话题重新变得时髦，组织在左右摇摆中获得成长。每一个浪潮都有其微妙之处。节食也从重视蛋白质循环到重视蔬菜，反反复复。当循环重复时，人们的态度被反复修正。素食主义的关注点已经从关注残害动物和健康问题转变为其他的全球性问题，比如牛肉与甜菜根的碳足迹对比。

同样有趣的是那些相互矛盾的趋势。两种趋势可能都处于全盛状态，但同时它们之间又是互相矛盾的。看一看那些存在于食品与燃料之间的争论吧。

当把玉米转化成乙醇的改进方法能够满足政府补贴的要求时，玉米就成为了一种新型燃料。大量的玉米被从食物链中拿走。另外，玉米还可以被用作动物饲料或者制造塑料的原料，这样就会使趋势之间产生冲突。随着对世界食品的担忧以及食品价格的增长，人们对如何使用玉米这种关键农作物有了不同的意见，这些意见之间的关系也很紧张。这种冲突加速了人们对非食品燃料源的寻找，比如可以被用来提炼乙醇的某种草。

在更加个人的层面，请考虑一下全天在线的要求与不插电这一趋势之间的冲突吧。

人们已经不在乎自己是在线还是不在线了，因为智能手机让我们随时都处于在线状态。此时，又出现了一种倡导断开连线的反趋势。结果呢？睡眠出现了问题。有些人把手机放在卧室里，他们整夜都会收到来电或信息提示，家庭关系出现了矛盾。另一些人希望有独处的时间而选择关掉手机，断掉与外界的联系。人们使用新技术为设备里加入静音和在晚间让屏幕变暗的设置，还有一些设置可以监测睡眠。他们提倡改变生活方式，并使用具有更柔和的自然光的闹钟系统，这些都是为了让人们把手机放到枕头下而做的有益尝试。

分歧会揭示未曾看见的机会，而不是趋同。

有分歧的趋势不仅是外部力量，还可以成为非常个人化的困境，在我们自己与我们最重要的关系之间制造冲突。当我们退后一步并审视互相冲突的趋势，而不是关注到底哪一种趋势会占据上风时，我们就能够找到解决冲突的方法，并且发现新的机会。

有影响的趋势

要从趋势中看见机会，难就难在必须接受大量的变化，而这常常也很难做到。即便是我们齐心协力去接纳所有的变化，但是要理解哪些变化与我们最相关，以及它们对我们有何影响也是一项很艰巨的工作。毕竟不是所有的变化都会影响我们，就像不是世界上所有的天气情况都会出现在我们家门口。我们需要的是那些有影响的趋势——一系列与我们的组织有关的趋势的集合。趋势报告往往是用预先定义的格式整理好，并且分为经济类、生态类、社会类、人口统计学类和监管变化类报告。但是，如果我们用公司视角和机会驱动者的眼光来看待它们时，这些报告就会变得更有趣、更有可执行性。

美国约翰迪尔公司就是这样做的。公司确信，自己的成长本质上就是其成功的驱动力。它的成功源于公司一直在寻找与土地有关的机会，他们既帮助客户把工作完成，又能让客户获得利润。他们在所有业务中都是这么做的，无论机会是在农业、建筑业、林业中，还是金融业。所以，与其去问世界是如何变化的，还不如来看看土地是怎样变化的、工作是怎样变化的以及客户的利润率是怎样变化的。我们把趋势放到所有的六大源泉中，无论是大趋势还是微趋势，种子趋势还是循环趋势，我们都形成了一种关于土地、工作和利润的观点。仅是土地的变化，我们就会考虑从水的短缺到城市化，从排放监管到缩小院落的尺寸。有影响的趋势与各种力量围绕一个共同的主题结合起来，为未来指明方向。

> 10 000 个人思考 10 种趋势好过 10 个人思考 10 000 种趋势。

有影响的趋势对组织是有意义的，整个组织都要密切关注趋势的变化，而且不同层级的人都要明白为什么与他们业务有关的一系列趋势是重要的。这种相关性有助于组织成员成为趋势的观察者。

对未来的看法

当我们把有影响的趋势收集在一起时，我们就可以形成我们对未来的独一无二的看法。这不是对我们未来的看法，而是对与我们有明确关系的世界的未来的看法。对美国迪尔公司来说，它是对那些指导他们发现和选择机会的关键因素——土地、工作和客户利润率的看法。对未来的看法不仅仅依赖于我们看待趋势的广度，还在于时点。一家食品企业会往前看 5 年，因为这

未来创造了现在。如果要改变你现在正在做的事情，你就要改变你对未来的想象。

个时点对他们的品牌和消费者喜好最有意义。而一家航空公司可能会看 20 年，这是因为他们的产品开发周期比较漫长。我们看得越长远，成长的范围就越广阔，我们就越有可能发现更多的机会。如果我们只能看到 3 年，那我们只能看到 3 年以内的机会，就无法看到那些可能会在 5 年后影响我们，却需要我们从现在就开始做准备的趋势。我们看得越远，就越有可能看到整片森林。

我们的成长潜力与我们的眼界密切相关。我们能看到的东西基本上就决定了我们能走多远，以及我们选择的前进方向。

我们通过建立对未来的独一无二的看法来制定我们的机会战略。在制定成长战略时，组织常常先着眼于他们的能力，而不是未来。常用的做法就是从我们目前的位置开始，找到我们下一步的位置，这是一种从核心开始成长的思路。比起用未来指导我们的成长，着眼于我们的能力就像是看着船舵而不是地平线来指引方向。如果仅仅从能力开始，我们就无法看到那些在相邻领域中能够带来机会的变化。很多现有职业在 20 年前都不存在，所以 20 年后也会有很多我们现在不知道的职业。根据能力来计划机会是目光短浅的做法。向窗外看和向镜子里看是有区别的。虽然都是在看玻璃，但一个会告诉我们什么是可能的，而另一个只告诉我们，我们是谁。当这些机会出现的时候，我们就有失去另一些机会的风险，或者更糟糕的是，我们根本无法看到一场风暴的来临！趋势是第一种发现机会的工具，它帮助我们形成成长的空间。

机会思维

☆ 变化是机会的创造者。它有不同的尺寸和体积，它或者是大声呼叫，或者是窃窃私语。

☆ 变化会重新洗牌，然后发给我们新的牌和新的机会。

☆ 当我们主动拥抱变化而不是被动适应变化时，机会可能就会出现。

第 6 章　机会的维度：让一切皆有可能

制定机会的维度

很多人都听说过克里斯托弗•哥伦布，却不太知道他的兄弟、制图师巴塞洛缪（Bartholomew）。如果没有他，那次航行可能永远不会成行。正是他画出了未知大陆的地图，他和他的兄弟才制订出了寻找西行航线到达印度的计划。启动这个冒险计划不是一件容易的事。当哥伦布向卡斯提尔国女王伊莎贝拉一世和亚拉贡国王斐迪南二世讲述他的计划时，巴塞洛缪同时说服了英格兰国王亨利七世和法国国王查尔斯八世。最终，巴塞洛缪的地图成为说服王室对这个疯狂的探险计划进行投资的关键。

那么，什么样的地图可以说服我们的组织去进行发现新大陆的旅行？

制图师使用纬度、经度和海拔高度来绘制地图，这些维度帮助探险家们弄清楚他们在哪里、要去哪里以及哪里不能去。机会格局也有一些维度，这些维度可以帮我们精确地找到我们的位置和那些未知区域。这些机会维度是我们绘制机会地图的基础，它们帮助我们将业务扩展到新地方、看到我们的竞争对手在哪里，并且发现那些未被发现的机会。

机会格局的维度是我们的第二个机会发现器，它们存在于六大源泉之中。商业模式从廉价变为高端，市场从不成熟到成熟，资源从丰富到稀缺，品牌从大到小，技术从高到低，组织从内包到外包。每一个源泉中都有很多维度。

延伸维度

让我们来看一看生命的阶段。大多数企业和品牌都只关注某一个特定的细分市场，也许是儿童、青少年、成人或是老年人市场。当我们通过这些细分领域来观察市场时，将它们当作连续的整体可以拓展我们对机会的看法。

> 是以圣人不行而知，不见而明，不为而成。

一家婴儿用品公司也许会将业务从婴儿产品拓展到幼儿产品，或者尝试让品牌面向处于孕期和备孕阶段的人们。

一个正在婴幼儿市场中成长的品牌的例子是一本书。《当你在期望时你应该期望些什么》（*What to Expect When You're Expecting*）出版于1986年，它也促进了第二本书《在第一年里，你应该期望些什么》（*What to Expect in the First Year*）的出版。从此以后，这一系列图书又拓展到其他的生命阶段，比如幼儿阶段和幼儿园阶段，还拓展到生活中的某个瞬间——《在就寝时间你应该期望些什么》（*What to Expect at Bedtime*）。结果，这一系列有了13本书，它们被翻译成30种语言，在世界各地发售，并且还有各种各样的附加产品，比如图表和计划册。他们已经拍摄了一部全明星阵容的电影，并且与比尔和梅琳达·盖茨基金会以及美国国务院合作成立了一个非营利组织。这个组织致力于保护贫困妇女的产前健康。这个品牌就是沿着生命阶段这一维度发现了新的成长机会。

让我们来看看另一个有效利用生命阶段的品类吧。社交媒体起源于大学校园，但现在它的应用已经超出了这个范围。当在青少年以及成人中拓展业务时，他们发现了机会，并且进行了迅速的扩张。目前，他们正在探索如何处理人们去世后的数字遗产。亲人留在

> 通过放大某一个维度上的某一点，企业就可以发现进一步的机会。

Facebook 上的在线档案可以成为表达思念的地方。

人字拖看起来并不起眼，可是儿童和成人都很喜欢，似乎所有年龄段的人们都喜欢。但是，它们却有更广阔的成长空间。婚礼是一个人生命中简短却重要的时刻。绸缎做的人字拖现在被那些羞涩的新娘和她们的伴娘穿着在非正式的和正式的婚礼上。

同样，商业模式也被维度化了。也许最常见的维度就是从低价格到高价格。

从 25 美分到几美元，瓶装水这一品类也许经常被归为低价序列。酒店却通过对房间内的瓶装水收取 3~20 美元不等的额外费用延展了这一维度。相反，一些企业会大量采购瓶装水，并将它们作为促销品免费赠送。但如果你到了另一个极端，就会有新机会。夏威夷深海公司（Hawaii Deep Marine）从地下 915 英尺处抽水，并以 33.5 美元的价格销售一瓶重量约为 50 克的水。由一位好莱坞制片人开发的 Bling H_2O 瓶装水采用来自奥地利的施华洛世奇水晶做包装，以高达 75 美元一瓶的价格销售。这还算不上什么。设计师阿尔塔米拉诺（Altamirano）设计出 24K 镀金水瓶向意大利艺术家莫迪利亚尼（Modigliani）致敬，瓶里装了从法国、斐济和芬兰的收集来的冰川水，水里还有一小撮金粉！它以 60 000 美元的价格被拍卖，拍卖所得捐献给行星基金用来抵御全球变暖。还是不够超级奢华？也许一瓶 Aurum 能算得上。你能在迪拜的大男孩玩具展（Big Boys Toys Luxury Exhibition）上找到它。它的瓶身由水晶制成，外镀 24K 黄金，并镶嵌有 113 颗钻石，内装来自德国圣莱昂哈德（St. Leonhard）的水，而且还有可饮用的金箔。价格？ 900 000 美元！

还有什么可以超过它们？让人们付费喝你的水？不要觉得奇怪！有些健康项目就是靠这样做来鼓励人们更健康地生活。当你朝着新维度拓展你的思维时，一切皆有可能。

跨界整合趋势的奇妙之处

不是所有对机会的描述第一眼看起来都会适合被维度化。

> 成功来自打破旧传统并再造传统。

食品和饮料通常被当作两个独立的品类。它们被放在超市中不同的区域，有不同的包装，并且采用不同的生产流程。如果我们把这些分散的品类当成整体来看待又会发生什么？我们就发现了这样一个将营养学和机会整合在一起的序列。

以液体形态消耗掉的卡路里数已经有了明显的增加。同时，饮料变得越来越像食品，奶昔已经被冰沙代替。那些使用流质蛋白质的运动员和经常运动的人现在正在尝试用凝胶和半流质混合物来当作补给。在将食品转化成饮料的果汁行业中，已经出现了一些新产品、新设备、新店铺和新的展示方式。豆奶、大米牛奶、杏仁奶和燕麦奶陆续出现。虽然以燕麦为原料的饮料在中南美洲很流行，但对其他地区的人来说却是新鲜的东西。the Naked Brand 现在正在利用这个整合的趋势，将燕麦奶和水果混合在一起创造出新的美味冰沙。除了液体食品还有什么？一些有创造力的人正在研究吸入式营养品，比如爱乐逍（Aeroshot）的咖啡因能量产品。

探索维度的对立面

> 我们的头脑可以超越我们自己画的线。当我们超越那些构成世界的矛盾的事物时，深刻见解就会产生了。

发现一个维度中明显对立的两端会让我们探索出缩小它们之间的距离的方法，并把两个端点连接到一起。想想如何把免费的产品和服务与高价的产品和服务这两个对立面结合起来吧。

- 提供免费的软件产品，而对辅助性产品或是高级功能收费，这是一种叫做免费增值的商业模式，比如 Skype、印象笔记（Evernote）中的个人数据收集、LinkedIn 的专业关系网使用的都是这种模式。受到低成本制造和互联网网络效应的驱动，这种商业模式的应用依赖于让一部分免费用户去购买付费服务或产品，而让那些仍然使用免费产品的用户通过口碑传播和提供反馈而为他们创造价值。

挑战假设

机会维度化可以帮助我们把视野拓展到正常的范围以外，跳出我们的先入之见而发现新的可能性。要做到这点，我们必须持续不断地打开我们的已知维度，拓展已建立的框架。如今，一系列最为确定的商业假设是围绕品牌进行的。企业常常会用很长的时间去打造他们的品牌，却发现自己很难发现品牌及其之外的机会。很快，品牌就会陷入困境，无法实现他们应有的成长，最好的情况也只是有些改善性的小创新，而最差的情况是进行品牌替换。虽然对品牌资产的保护对于最终实现一个创意很重要，但这却不应该是机会发现过程的第一步。

品牌是维度，而不是无法逃避的重力的中心。

比起从品牌的视角来寻找机会，从机会的视角来看品牌可以找到拓展品牌的新方法，甚至是开发出新的品牌。这就是品牌成长和品牌延伸的根本区别。一个品牌的成长是从探索机会开始，然后导入另外一些品牌，这就让我们看到了一处被认为是品牌之外的、品牌之间的甚至是没有品牌的区域，这就让我们看到了那些迄今为止还未被发现的机会所带来的成长潜力。反之，如果品牌延伸从品牌开始，并且从狭窄的视角看待机会，它的成长潜力会天生受限。

品牌成长

日本的雅马哈和英国的维珍集团就是两个不受重力影响的黑洞，他们都采用了品牌成长而不是品牌延伸的方式。他们寻找机会，然后用品牌优势来抓住机会。雅马哈于 1887 年成立，成立之初以制造乐器为主营业务，之后进入了摩托车、体育用品、半导体以及包括手机发声器在内的数字音响产品等领域。

维珍集团是由理查德•布兰森（Richard Branson）以唱片店的形式在 20 世纪 70 年代创建的。该集团现在已经有 400 多家公司，业务范围包括民航、酒店、火车、电台、化妆品、按揭贷款、葡萄酒、能源、手机、热气球、深海潜水艇和太空旅游等。他们也有过失败，比如他们曾经试图用维珍可乐与可口可乐和百事可乐竞争，他们还曾经研发出一款想与 iTunes 抗衡的产品。但是他们的成功远远多于失败。

雅马哈和维珍都在利用品牌和声誉的优势进军相邻领域的过程中显示出了巨大的勇气。

机会维度提供了无穷多的方法去延伸、放大、连接或者提升我们对有成长潜力之处的理解。我们使用它们来绘制机会格局的轮廓。就像任何一张地图都可以使用不同的比例尺来查看——从在 50 000 英尺高空来看，到用显微镜来看，它们提供了一个可以轻松地从一个视角转换到另一个视角的框架。

> 夫地形者，兵之助也……知此而用战者必胜，不知此而用战者必败。

我们通过收集机会维度来制作地图，这些维度类似于纬度线或者地形图上的轮廓线，它们形成了机会制图法的基础。由此制作出的地图能够帮助我们将那些可能只能概念化的东西视觉化。我们的组织常常一遍又一遍地讨论机会，因为人们看不到机会在哪里或者机会不在哪里。这是可以理解的，因为新的机会往往会藏在我们不熟悉的地方。机会制图法减少了我们的不熟悉和不确定。那些地图让我们有了好奇心，想要弄清楚哪些区域可能藏有财富，同时也让我们安心，因为这些区域都在我们的可控范围内。

一图值千言。如果你想说服人们去某个地方，一张地图可能就是开启新旅程的关键。

机会思维

☆ 从本质上说，机会是受空间条件限制的。

☆ 维度帮助我们拓展机会和我们自己。

☆ 我们看见和了解的空间越大，我们就能发现越多的机会。

☆ 维度化把我们从我们所承受的重力牵引中解放出来。

第 7 章　机会洞察打碎了创新束缚的世界

成长的催化剂：机会洞察

必须有人为哥伦布的航行进行补给，这个任务就落在了亚美利哥·威斯普奇（Amerigo Vespucci）的头上。他的好奇心让他参与了至少两次探险航行。在其中一次航行返回之后，威斯普奇给他的资助者——劳伦佐·德美地奇（Lorenzo de' Dedici）写了一封信，信中详细描述了他见到的动植物和亚马逊的水流情况以及他观察到的恒星的移动情况。他断定那块大陆不可能是哥伦布认为的亚洲大陆，它应该是一个有着自己特点的新大陆。他在信件中还详细地描述了土地和人群，包括一些婚姻习俗和生育习俗。这些信件的内容非常有趣，它们被翻译成多种语言并广为流传，甚至比哥伦布自己的记录更受欢迎。

洞察是第三个机会发现器。把洞察当作一个工具去理解机会并不是新概念。很久以前，洞察就以某种形式开始左右个人和组织的成功。从阿基米德的"找到了！"这个激动人心的瞬间开始，直到系统性研究，丰富的洞察已经成为了成长的催化剂。纵贯整个历史，对某种事物有一个深入的了解既是人们直觉的基础，又是人们做出周全决定的基础。

市场研究已经成为我们收集洞察的支撑。这种研究是向我们目前的和潜在的客户和消费者提问，并从他们的回答中获取价值。然而，要得到正确的答案，我们需要向正确的人问正确的问题。有些企业对市场研究进行了大量的投入，但奇怪的是，他们却生产出了一些失败的产品。对于这些企业，我们也许要问问是否他们忽略了什么。也许探索机会需要更多的东西。那么，机会洞察怎么会比市场洞察要求的更多呢？

消费者不是洞察的垄断者。

消费者会被他们周围那些与我们的品牌或者产品无关的人所影响。这些影响者晃动着贯穿于机会生态系统中所有社区的万花筒。他们常常更了解，并且能够比消费者自己更好地描述他们的态度和行为。

运用机会视角去探索意味着那些了解这六大生态系统的人能够给我们提供关于成长来源的洞察。技术专家、财经分析师、品牌所有人、设计师、媒体和博客作者都是意见领袖，他们生活在机会的生态系统中，可以给我们提供评论和预测，因为他们对那些细微差别有着比我们更清楚的认识；他们不仅仅是观察机会，还会对什么是热点、什么不是产生影响；他们对今天和未来有着深刻的见解；他们能看到新的需求和需要，告诉我们创造价值的新技术和新方法，或者通知我们那些对我们的利益有利或是不利的情况何时会出现。无论他们是影响者还是观察者，他们都有敏锐的目光。

望远镜停止的地方就是显微镜开始的地方。它们中的哪一个更有大的视野呢？

来看看这样一个挑战：人们想知道学校里的孩子们对喜欢的零食有哪些新见解。

美国家乐氏公司（Kellogg）的高管们认为，他们已经通过对妈妈和孩子们进行的市场研究了解了一些关于零食的知识。问题是他们怎样才能得到一个新视角？答案就存在于生态系统中。不过答案不是来自意见领袖，而是来自学校食堂的清洁工人。他们知道孩子们吃掉了什么，扔掉了什么，在食物大战中用什么当作武器，以及在咖啡厅的“黑市”中买到了什么。

机会洞察超越了产品洞察和市场洞察。开发这个生态系统可以使我们对组织流程、制造、环境中的关系以及商业模式拥有充分的认识。

来看一看棒球运动中的那些创新吧。

2002 年，一个叫比利 • 比恩（Billy Bean）的人听从了新一代统计学创新者比尔 • 詹姆斯（Bill James）的建议。赛伯计量学（Saber Metrics）为奥克兰运动家棒球队的总经理比恩提供了一种发现被低估球手的新方法。詹姆斯建立了一个统计模型来评估球手的潜力，而不是通过那些经验丰富的球探。这种模式确实具有颠覆性。它颠覆了球队选择球员的方法，并且帮助不起眼的运动家棒球队闯入了季后赛。刚开始时，这种模式碰到了很大的阻力，人们认为它把一种受人尊重的运动变成了赌博。但当运动家棒球队仅用了相对紧张的预算连续取得了多场胜利时，这才引起了其他球队的注意。最终，其他球队也采用了这个模型，波士顿红袜队甚至还雇用了詹姆斯来开发他们自己的模型。

我们也应该动用一切可能的洞察去拓展我们的思维。

这个故事并没有就此结束。比利 • 比恩继续对生态系统保持着开放的态度，现在他又开发了另外一个新模型，其中增加了球探的观点，也增加了用来衡量球员心理素质的新指标，比如他们是否有勇气来面对大联盟球赛的压力？他正在收集所有的观点，并动用所有他可以支配的工具去创造一个预测模型。

利用内部的生态系统

组织了解的东西没有员工了解的多。

有价值的洞察不仅来自外部生态系统。让我们来为自己的组织寻找新视角。组织的每一个部分都会有不同的世界观，也都会在各自的发展过程中遇到机会：技术专家会看到前沿技术，创新进步可以驱动机会；制造部门会看到节省成本的机会；商业领袖会在收购中看到回报。我们常常感到在组织内部收集洞察比在外部收集更困难。其实，收集客户洞察的方法同样也可以被用于组织内部。

我们的同事可以在为我们提供洞察的基础上更进一步，他们也可以加入我们，成为研究者。大多数人都与外部生态系统有关系，并且可以利用这些关系获得新的观点。各个部门的人都可以加入市场研究的队伍去倾听客户和消费者的心声，这样做，技术专家和设计师就能够找到解决问题的方法，否则，这些信息也许就在传递的过程中丢失了；品牌拥有者可以获得一点点新定位的启发；制造部门可以了解到第一手的需求。

> 如果我去问人们他们想要什么，他们一定想要更快的马。
> ——亨利·福特（Henry Ford），发明家和制造商

如果你想做得更好，那就让更多的高管加入吧，毕竟这些管理者可能已经很久没能与一个真正的消费者面对面地交流过了。他们将会有新的洞察，因为他们要对一系列的业务布局负责，并且要关注一些其他人关注不到的点。通常，在收集洞察与定义和选择机会的人之间有很多层级，有很多的发现会从我们的指缝间溜掉。

作为研究者的生态系统

将机会视角引入洞察意味着我们拓宽了交谈和倾听对象的范围，因此使内部和外部生态系统都参与了进来。然而，这些仅仅是我们要做的一半。人们也就只能告诉我们这么多。他们常常说不出来他们想要什么，是因为他们无法想象出他们想要的与已经拥有的有什么不同。这就是被那些伟大的发明激发出来的需求和欲望。机会洞察要求我们超越人们能够告诉我们的东西，去了解那些没有被明确表述出来的事物。

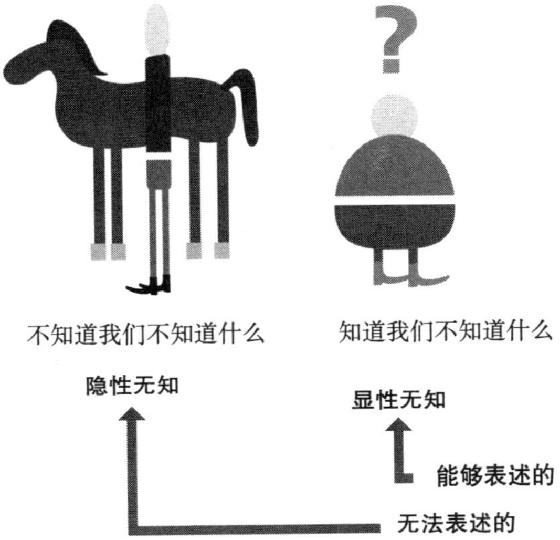
不知道我们不知道什么
知道我们不知道什么
隐性无知
显性无知
能够表述的
无法表述的

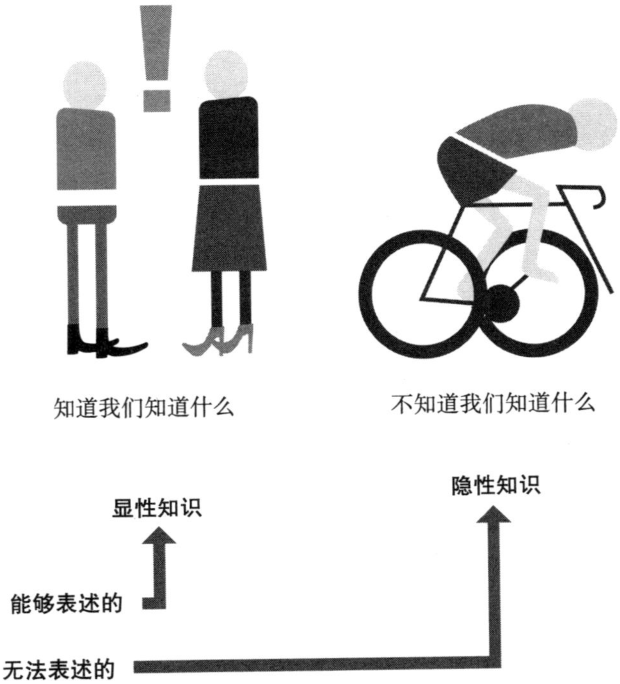
知道我们知道什么
不知道我们知道什么
显性知识
隐性知识
能够表述的
无法表述的

明确表达那些难以言表的东西

洞察无法被全部表达出来。有很多的态度、行为、需求和希望能够被我们明确表达，有些却不能。在简单地学会了那些我们已经知道的东西之后，我们开始探索机会，建立起组织的洞察宝库。这样做，我们必须要列出一个愿望清单，清单的内容就是我们想知道的那些东西。现在，我们知道了我们不知道哪些东西。明确地说出我们知道和不知道什么相对比较容易。

机会洞察不仅仅是知识，它们是有生命的知识。

另一个洞察的领域存在于那些难以言表的东西中。人们知道某些东西，却无法将它们表达出来，比如无法描述的习惯、被遗忘了很久的程序和无法教授的技能等。就像骑自行车，我们不知道如何表达出那些我们知道的东西。某些知识是隐性知识，无法用语言表达，并把机会隐匿在固有的解决办法和长久的低效率之中。小到我们的企业，大到整个世界都是如此。在整个生态系统中，人们都在尝试去表达那些显而易见的东西。然而，那些显而易见的恰恰正是最需要创新的。只有通过观察，我们才能开启这些洞察。

用你闪闪发光的眼睛去看你周围的整个世界，因为最大的秘密就隐藏在最不可能的地方。

如果有人问我们用胡萝卜做什么，很少有人能说出点什么。胡萝卜是派对的第一道菜。当有人把它们削皮、切开并剁成小块后，它们就会很受欢迎。然而，你有没有注意到，当胡萝卜被切成 4 块、果心开始变干时，人们就不再喜欢它们了。所以，微型胡萝卜出现了。它并不是真正意义上的小胡萝卜，而是经机器削皮和削薄而形成的短棒状胡萝卜段，其果心可以长时间保持新鲜。这种特殊的产品取得了巨大的成功，为即食水果和蔬菜找到了广阔的机会，比如豌豆零食袋、焦糖苹果片盒，以及由切好的西兰花和花菜并搭配其他蔬菜、奶酪和酱料做成的午餐便当。

同样难以捉摸的是，当我们不知道我们不知道什么的时候——我们无法描述出想要的东西，因为我们没有让技术专家和设计师发挥其创造新价值的聪明才智。

> 发现就是看到所有人都看到的，但却想到没有人想到的东西。

谁会想到那些再普通不过的厨房用具会有机会呢？有一个男人注意到了他那患有关节炎的妻子在使用现有用具时的痛苦。他精确地找到了那个未被满足的需求，并设计出既可爱又更符合人体工程学的开罐器，它能轻松地拉开罐头盒的盖子而不是通过切割金属，并且为了更省力，它有一个大把柄。紧接着，一系列与其类似的既时尚又符合人体工程学并且风格独特的厨房用具被设计出来，它们受到了广泛的欢迎，消费者都争相购买新的厨房用具，来取代那些他们原本很满意而且从未想过要换掉的老用具。OXO公司就是这样成长起来的。山姆•法伯（Sam Farber）认为，厨房用具不应该给使用者带来麻烦和伤害，他完善了15种用具的人体工程学设计。OXO公司在成立的第一年就实现了300万美元的销售额，并以平均每年27%的增速成长。它还赢得了多项设计大奖。OXO公司的故事就是一个从长期存在但却被忽视之处抓住了机会的例子。

> 语言把创新限制在那些可以被描述的东西，可视化打碎了束缚的边界。

明确表达出那些难以言表的东西既是一种科学，也是一门艺术。这可能发生在生态系统成员的身上，他们能够明确表达出消费者无法表达的东西、找到与众不同的用户或者使用产品的方式。有时它表现为人们为了规避问题而采取的补偿行为。它也可能发生在挖掘品牌忠诚度的不满之时。我们可以运用设计来帮助人们自由地表达出这些观点。正如罗夏测验（inkblot test）能够发掘出灵魂，所以设计也可以被用来激发新的洞察。我们要把设计当作一个刺激研究的因素，而不仅仅是一个研究的成果。

机会洞察超越了机会的主角和内容，而关系到“哪里”“如何”“何时”

> 带着怀疑的态度仔细地审观是把深入的见解从胡言乱语中分辨出来的方法。

和“为什么”。这意味着它将是一种需要观察和对话、刺激和实验的努力，而且它有助于人们既以研究参与者又以研究者的身份加入内部和外部的生态系统。比起消费者解决了一个市场研究人员困扰已久的难题，进入生态系统就意味着他们往往只能预测出消费者在一定时间范围内的喜好，这个时间段通常不会很长。但是，研发机构却需要更长期的洞察，以便去推行那些需要用很长时间去开发的技术。因为机会既近在眼前又远在天边，所以使用机会视角就要求我们去寻找生态系统中那些能够想得更远的专家。

机会思维

☆ 机会洞察来自生态系统，而不仅仅来自于市场。

☆ 洞察的六大源泉丰富了机会观。

☆ 生态系统和设计可以帮助人们表达那些难以言表的东西。

第 8 章　将机会视觉化，为机会格局绘图

地图是探险最有用的证据

想象一下，人们无意中发现了一份一千多年前的文件，把它翻译过来的结果就是将历史向前推进了数百年。1400 年，拜占庭学者伊曼纽尔 • 赫里索洛拉斯（Emanual Chrysoloras）擦去了托勒密（Ptolemy）在公元前 150 年写的《地理学》（*Geography*）上的尘土。托勒密画出了世界地图——从加那利群岛到哥伦比亚的海岸，其中标注了超过 4 500 个城市！他使用了一种网格体系，这些网格正是经纬度的前身。

赫里索洛拉斯把它翻译成了拉丁文，让它更容易被人们理解，后来它被印刷出来并广为流传。制图学重生了。

很快，人们就以各种各样的形式画出了各种各样的地图，有些地图是北在上面，有些则是南在上面；有些地图只显示陆地和海洋，有些则会在陆地上标注动植物和历史事件的信息。1492 年，马丁 • 倍海姆（Martin Behaim）创造出了地球仪。在 1548 年，贾科莫 • 加斯托迪（Giacomo Gastaldi）制作出了能够装进口袋的地图册。用户需求和传递的信息不同，地图也不同。但是，这些地图的出现和它们的流传被认为是促使成百上千的人有胆量去探险的原因。

如今，制图师也绘制出了各种各样的地图，比如地形图、路线图、资源分布图、政治地图、天气地图以及显示物理和主题特征的地图。虽然形式和内容都在变化，但是制图的目的却是相同的——为现实世界建立模型以便于

交流，为那些需要它们的读者按其需求降低复杂度。

探索机会同样需要有创意的信息表述方式。如果我们期望组织能够与我们一起开启一段旅程，我们就应当更好地说出我们的发现。

机会制图学

将三个机会发现器——趋势、维度和洞察结合在一起，这样做能给予我们构建机会蓝图所需要的所有素材。这些地图会给我们的组织提供巨大的价值。

灵魂从来不会在没有图示的情况下思考。

在探险时代，没有如今这么多种地图，尤其是那些新近被探索过的地域的地图，其价值是无法衡量的。它们是如此有价值，以至于黑市兴起，地图被卖给了那些有竞争力的国家。机会地图在今天的价值一点儿也不比它们小，因为它也可以带来竞争优势。然而，多数组织只会没完没了地编制文件和表格，没有人会真正地去绘制一张能为我们指路的地图。

就像制图学一样，机会制图学也能够绘制出不同风格的地图，这些地图的可视化程度也会不同，比如从一家企业到另一家企业，从一种地形到另一种地形。但绘图的目的都是一样的，都是要表示出各种地形的各个组成部分之间的关系。每一个机会发现器都会有一个不同的视角，但同时，它们之间又互通有无。关键的趋势会产生出新的维度，我们可以用这些维度来定义一个不同的空间。维度形成格局的结构，我们将趋势和新的洞察放置其中。洞察扩宽了维度，并且揭示出空白领域。我们把三者结合到一张图上，机会的格局了然而生。

我们可以用一个关于食品行业的案例来说明我们将会在趋势、维度和洞察中看到什么。想想这两种倾向：担心体重和吃零食。这两种倾向是互相冲突的，但却同时存在。

多年来，食品制造商在降低卡路里含量上尝试了多种创新，他们开发出了低脂肪替代品和人工增甜剂。

低卡路里食品——正常卡路里食品

我们的洞察反映出，人们喜欢他们钟爱的高卡路里食物的味道，而对低卡路里食物的味道却不太感兴趣。认识到这一点，人们就开始节食，偶尔吃一点儿喜爱的食物，但只是很小的分量。不幸的是，一直坚持小分量对多数人来说是个很大的折磨。控制分量才是真正的难题。

纳贝斯克（Nabisco）关注到这个难题并看到了机会。他们将注意力从制造减肥食品转移到制造节食小包装。还有比既能控制分量，又能保证热量只有 100 卡路里更容易的事吗？比起节食，这样的小包装可以让那些对体重敏感的人们吃到他们喜爱的食品，这不过是对自我控制提供了一点点额外帮助而已。这个优势转化成了利润：小包装零食的利润率平均比大包装高出 20%。纳贝斯克引领了这个潮流，在一年内，凯洛格和通用磨坊公司（General Mills）也开始跟进了。

分量：从消费者控制到企业控制

在所有的机会里，只有变化是永恒的。局势发生了变化，纳贝斯克推广无卡路里食品的行为受到了严厉的批评。所以，他们关闭了 100 卡路里小包装产品线。但他们发现仍然有机会。其他食品企业将 100 卡路里作为健康的标志，并且把它与人们对维生素、蛋白质的营养诉求和满足感结合在一起。从绿宝石牌（Emerald）综合坚果，到优鲜沛公司（Ocean Spray）的越橘葡萄干，再到奥威尔•瑞登巴可（Orville Redenbacher）的爆米花以

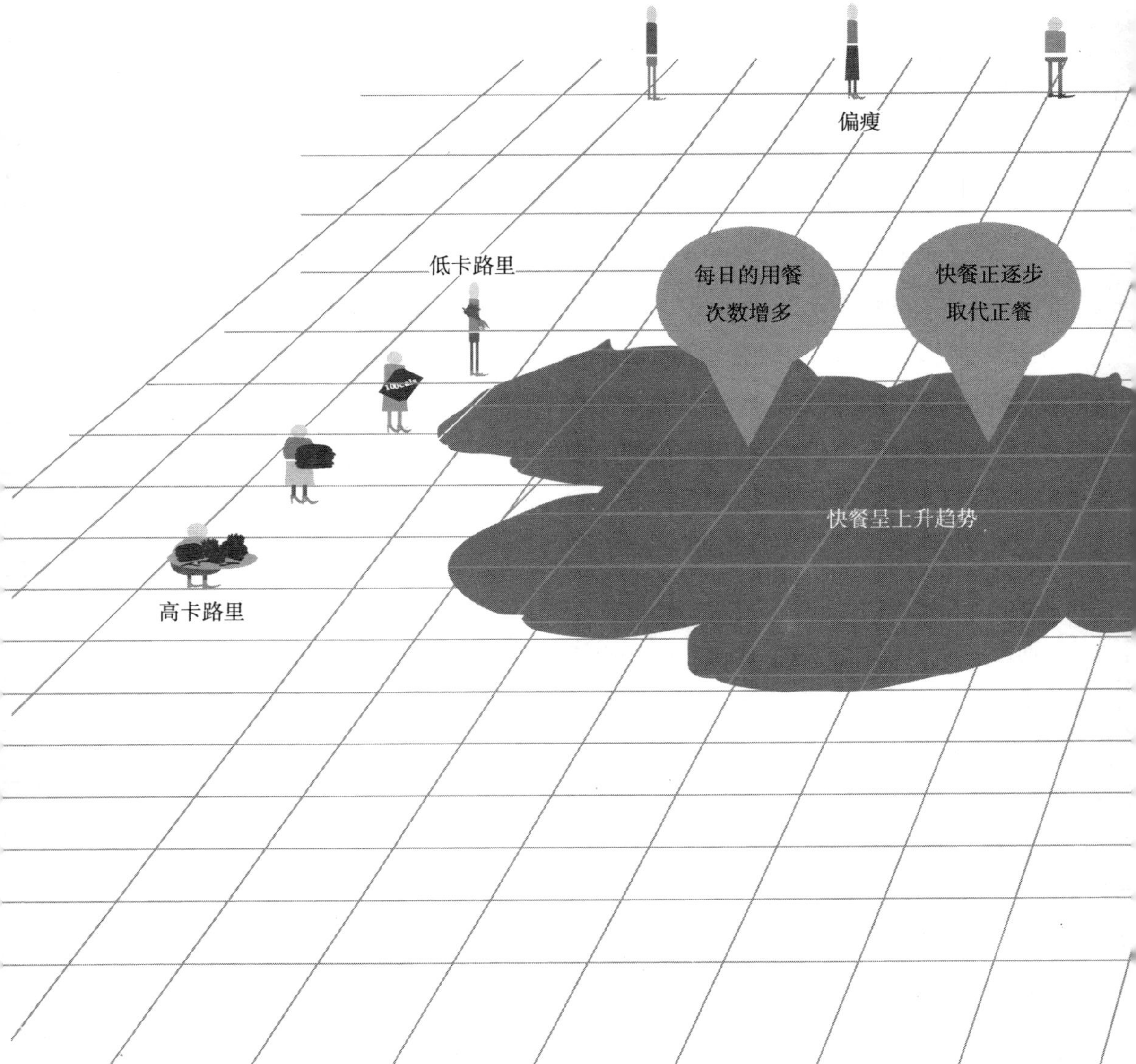
偏瘦
低卡路里
每日的用餐
次数增多
快餐正逐步
取代正餐
快餐呈上升趋势
高卡路里

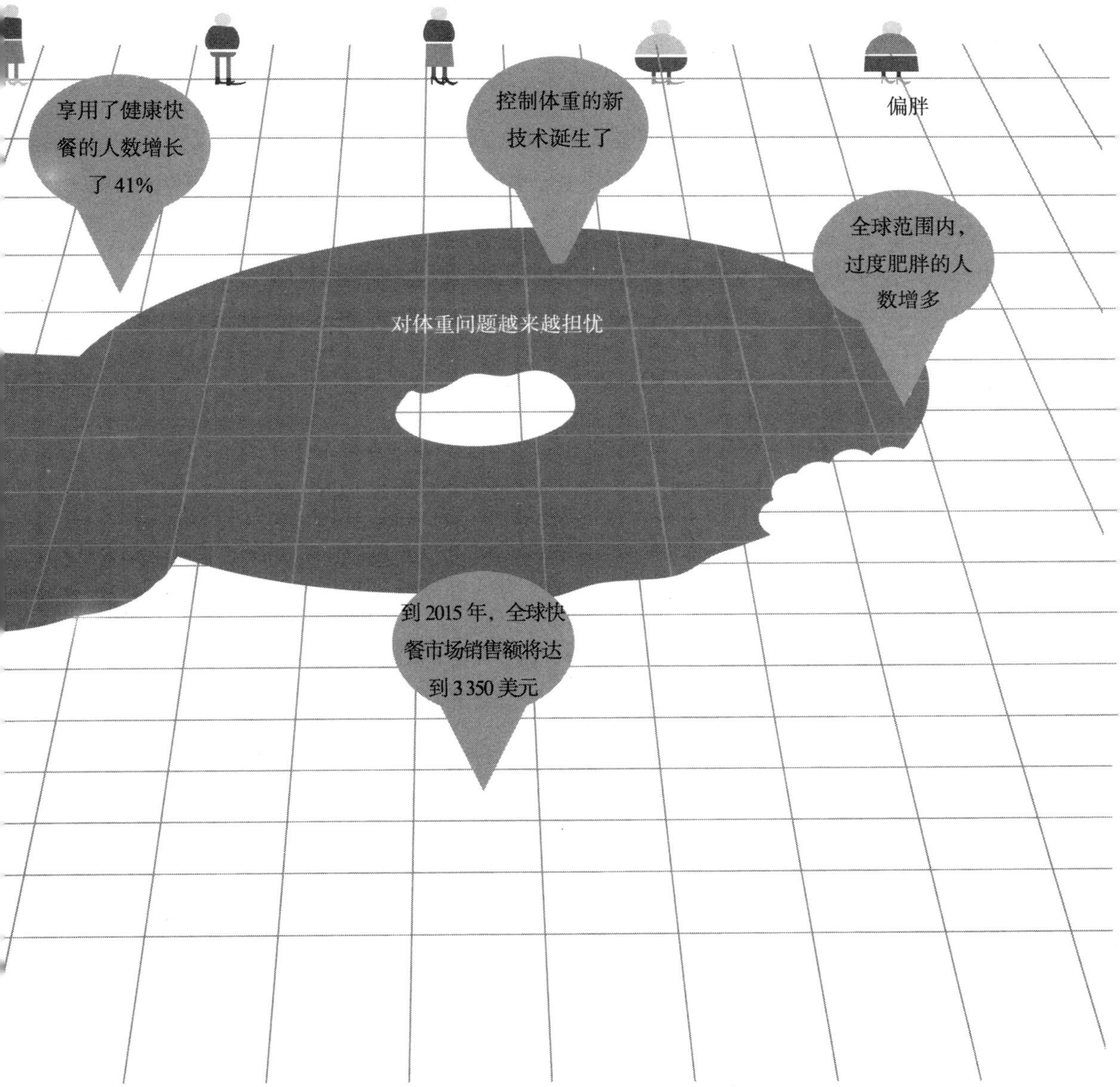
享用了健康快餐的人数增长了 41%
控制体重的新技术诞生了
偏胖
全球范围内，过度肥胖的人数增多
对体重问题越来越担忧
到 2015 年，全球快餐市场销售额将达到 3 350 美元

机遇被大多数人错过，是因为它穿着工装，而且看上去像是工作。

及其他几个生产蛋白质棒的品牌，新的小包装零食又变成了减肥食品柜中受欢迎的新成员。由于大众的需求，纳贝斯克再次引入了小包装零食，并且使用稀释了的配方来改进产品。机会就是趋势、洞察和新的维度结合的结果。

对于有多个机会的人来说，选择机会方向是一件奢侈的事。发现机会才是我们最大的挑战。但那些大机会不会自己戴着“我是大机会”的牌子站在街上。如果它们是那么显而易见，那它们早就被发现了，也不再是什么机会了。

我们看见的机会常常是直觉、功能视角和倾向的综合体，这个综合体将决定我们的杯子是半满的还是半空的。

我们需要努力地工作才能找到机会，并在机会地图上将它们标示出来。

有些人总是能看到机会、他们会关注所有机会的结果，因此他们会将机会看成兔子，努力去寻找所有的机会。而有些人很难看到机会、他们会倾向于做那些低风险的事情。还有一些人，他们只专注于自己擅长的领域，更喜欢那些只有很小的或者没有不确定性的选择。

无论我们有何种倾向，我们都无法保证那些显而易见的机会很大，或者由需求、创造价值的能力和合适的条件产生。我们需要一个更可靠的来看待可能性的视角。能够绘制出机会地图的机会制图学为我们提供了这样一个视角。

机会思维

☆ 机会制图学能够绘制出一幅机会格局的图画。它将三个机会发现器结合成一个有凝聚力的整体。

☆ 将机会视觉化为我们提供了一幅可以用来起航的地图。

05 机会格局：企业成长愿景的起点

机会格局的大小就像拼图的大小，我们可以选择一个大的或是一个小的。那些边沿的碎片是帮助我们建立探索边界的关键维度。

1507年，一位德国绘图师、一位校对员、一位拉丁语学者和一个圣人的侄子在法国一个名叫阿尔萨斯·洛林（Alsace Lorraine）的高山之巅会面，为的是完成一幅拼图。他们想要解开的谜题就是世界地图。拼图的碎片由航行日记和世界某些地方的图片组成。有些是来自托勒密（Ptolemy）的，有些是巴塞洛缪·哥伦布和亚美利哥·威斯普奇的航海日记，有些是从黑市场上买来的杂记，甚至还有中国人的探险记录。人们曾经推测，也许这些中国人的记录为他们提供了有关北美的洛基山脉和南美的安第斯山脉的信息，这些山脉还未曾有欧洲人涉足。

当这个拼图完成时，一幅新的画面出现了。这幅世界地图有四个主要的部分，而不是三个。人们普遍认为世界只由欧洲、亚洲和非洲组成。这个观点是如此根深蒂固，以至于当哥伦布发现美洲时，它很多年都没有被当作是新大陆。直到学者们将这些碎片拼在一起，阅读了探险者的笔记，研究了那些旅行日志后，人们才看到了更大的世界。

探索新大陆并为之绘图还不够。我们还需要解释我们的发现，并且建构我们对机会的看法。形成对机会的看法对作出投入和投资的决定非常关键。精确地描述格局、领地和其中的区域是我们从战略角度保持对内外环境持续关注的关键。正确地认识边界并能够把它传达给组织、了解海岸线的形状、准确地显示机会的位置能决定我们去追求什么和怎样去追求。

为机会格局绘图不像玩拼图游戏。多数人都玩过拼图游戏，我们要从确定我们有多大的雄心开始：是要完成2 000、1 000、500片还是100片的拼图？我们还要对包装盒上的图片作出选择，是选择吸引我们的风景，还是肖像？接下来，我们打开盒子，将一堆杂乱的碎片整理清楚。但是我们从哪里开始呢？当然是从边沿开始了。

我们从定义边界开始

机会格局的碎片就是那些机会发现器：贯穿六大源泉的趋势、维度和洞察。机会格局的大小就像拼图的大小，我们可以选择一个大的或是一个小的。那些边沿的碎片是帮助我们建立探索边界的关键维度。

> 我们对格局的定义会极大地影响我们的利益相关者、股东以及我们所处的生态系统。它是我们成长愿景的起点，因为它指出了我们的成长点在哪里。

不同的企业用不同的方式来描述它们的机会格局。一家跨国食品企业也许将"享受营养"视为他们的机会格局，而一家规模较小的食品企业也许会将机会格局严格地定义为"烘焙小食品"。就像是拼图的大小一样，机会格局的范围将会取决于这家企业的承受力。对格局的定义可能会多年不变，然而随着市场的变化，定义可能会发生变化。有时一家企业甚至会对它的格局的定义作出戏剧性的改变。

1802年，杜邦公司成立时以炸药为主营业务，然后在发展的第二个阶段才进入化工和材料行业。目前，这家公司正在构建其在生物和生命科学方面的能力。这些转变看起来是巨大的，但是从更深层次看，我们可以看见新机会的起点。1903年，杜邦公司选择通过成立一个科学中心——杜邦实验站来构建其在科学和材料方面的能力。20世纪二三十年代，杜邦公司开始研发高分子聚合物，并从此开发出它的材料产品系列。到20世纪80年代，随着材料科学的演进，他们将生物科学融入化学、材料和工程领域，这就帮助公司定位了他们在21世纪的新机会。

杜邦公司通过一系列的收购和兼并，形成了在农业、食品、生物技术领域的新思路和新能力。1999年，杜邦公司收购了先锋公司（Pioneer），这是一家生产种子的公司。2003年，他们和邦吉公司（Bunge）成立了合资公司来生产健康的大豆原料，这使杜邦公司在2012年获得了舒莱公司（Solae）

的所有权。2012 年，对丹尼斯克公司（Danico）的收购让杜邦公司向生物科学领域的进军更加具体化。丹尼斯克公司既有食品业务，又拥有生物技术公司——杰能科公司（Genencor）。向生物科学领域扩张同时意味着要放弃一些不太主要的业务，比如纺织纤维业务以及汽车和工业涂层业务。这进一步使杜邦公司从一家化工和材料公司转变成一家拥有农业、生物技术和材料科学业务的科技公司。

机会思维

☆ 机会的格局在等待我们去发现。

☆ 如何定义我们的格局既可以激励又可以束缚我们的成长愿景。

☆ 我们的格局可能保持多年不变，然后它又随着机会的变化而变化。

第 9 章　瞄准并创造机会的空间

让我们回到刚才那座山上休息一会儿吧。除了完成了一幅完整的地图之外，这个学者团队还必须给那些新的地方起名字。你会给一个大陆起什么名字呢？它们以亚美利哥 • 威斯普奇（Amerigo Vespucci）的名字为南美洲命了名，因为他们认为他对发现这块新大陆起到了关键作用。而西班牙人不是非常愿意，他们觉得这块大陆应该以哥伦布的名字来命名。但是由于已经有 1 000 本地图册在印刷了，这个想法没能实现。

当探险家和制图者为他们到达过的大陆地域命名时，他们也在行使着永恒的权力。卡伯特（Cabot）在北部的边远地区探险时，就将那里命名为纽芬兰，因为那里确实是他新发现的地方。庞赛 • 德 • 莱昂（Ponce de Leon）把佛罗里达命名为“flowery land（开满鲜花的地方）”。很快，大的区域都被划定——新法兰西（New France）、新英格兰（New England）以及西班牙岛（Hispaniola）—— 范围也被界定并且立桩标出所有权。随着时间的流逝，通过战争和条约、谈判和交换，很多区域又被重新划定并重新命名。

为新的地方命名让关于它们的发现延续了下来，人们一直对新地方保持着兴奋和好奇。制图者在介绍这些无人知晓的地方、塑造人们的思想、深入了解已知之处等方面起到了重要的作用。

发现机会格局的过程也同样如此。定义和命名一个格局会让它更容易被人们理解，也会让它更真实、更加鼓舞人心。人们知道要去哪里，即便他们不熟悉那个地方。他们被可以为之命名所激励，团结在如何才能到达那里这样一个巨大的愿景之下。

给一个机会命名会让它更具体，并让人们拥有雄心壮志。美国前总统约翰·肯尼迪就这样做了，他想要在10年内把人送上月球并安全返回。本来，他可以顺理成章地指定美国国家航空航天局（NASA）作为太空探索的领导者，但是他却通过直接为这件事命名和提要求来制定了一个鼓舞人心的愿景。能够为机会命名对我们实现目标至关重要。

机会的范围

一旦机会格局被确定和命名，定义机会的范围就是我们下一步的工作了。我们的重心从关注格局转变为专注于寻找格局中我们想要寻找的区域。通过使用机会发现器，我们把有相似重心和凝聚力的区域拼在一起来指引我们的行动。那么，我们应该怎样做呢？

让我们回到我们的拼图游戏中。我们已经把边沿拼完了，那下一步呢？我们把碎片按照不同的颜色和主题分开：一堆红色的、一堆蓝色的、一堆绿色的，或者一堆天空的、一堆海洋的、一堆建筑的、一堆船舶的。我们可能会分而治之——“你解决帆船，我解决海湾边上的房子。”用类似的方法，机会制造者也可以通过机会发现器将机会按照潜力的大小分类。就像拼图碎片常常会被人们按不同的特征来分组，那些意识到机会可能有多种来源的机会制造者也可以分别用市场、技术和新商业模式为机会定义一个范围。

这些机会范围的定义显示出机会格局化的方法与传统的行业格局化的方法有多么大的不同。事实上，机会格局化的方法与行业格局化的方法的区别就像玩拼图游戏和玩单人纸牌游戏的区别。在两种情况下，我们都有很多单独的小部件需要被放到合适的地方去。拼图游戏就像机会格局化，我们通过直觉和探索把拼图碎片分类。而玩单人纸牌游戏就像行业格局化，纸牌被放在预先分好的类别中——方块、红桃、梅花和黑桃。在传统的行业格局化中，行业常常会按照存在已久而且很少变化的行业码被划分好了。在同一个行业中，所有的企业都有相同的结构——相同的信息、相同的细分市场和相同的市场规模，并且通常会从相同的行业研究公司购买相同的研究报告。结果，他们得到的洞察也许是有价值的甚至会是起决定性作用的，但是这些洞察却无法为他们提供任何竞争优势，也无法指出机会，而且这些机会并不是所有人都能看见。

17世纪的地图制作者玩的不是单人纸牌游戏——他们把拼图碎片拼到一起，因为他们接触的是未知事物和新事物。当陆地和边界都被更好地定义了，结构开始出现，新发现的河流、山川和资源被放在了合适的位置上，因为人们可以参照某些已知的东西来确定它们的位置。他们是在给新机会绘图。

在机会格局化初期，我们没有结构，我们要根据直觉创造出一个结构。随着时间的推移，这个结构会对我们应用所学的知识很有用处。但是，如果我们适时地完成了格局化，这个结构就不会像是传统行业的格局化一样。对于可利用的机会而言，它将会是独一无二的。

机会格局化是一个有创造性的、由洞察驱动的、由下至上进行的过程，在这个过程中，不同的组织会到达不同的区域。事实上，同一行业的两家企业对机会的定义是有差异的。对于不同的企业来说，他们面对的市场也许相同，但他们的能力以及其与生态系统的关系都是不同的，这就意味着他们的机会也是不同的。两家食品企业在同一个行业里经营，但会得到不同的机会。一家也许有更专业的包装和设计能力，使他们专注于生产高端和高利润率的产品，而另一家也许有很强大的分销渠道，使他们专注于为便利店提供食品和食品服务。能力决定着他们能够创造出的价值的种类，他们的机会也会以不同的形式出现。

机会格局化推倒了基于行业格局化的想象之墙。但是，它也推倒了建立在我们组织内部的围墙。企业通常会沿着业务线来定义机会，这就意味着机会存在于这个事业部内而不是另一个事业部——这就是组织的有机会和没机会！胜利者得到所有的资源，失败者只能扮演辅助性角色，这也意味着组织将一半的员工排除在了追求新发展空间的行列之外。但其实并不需要这样做。在定义所有业务部门的机会时，广泛地利用人才及其能力是更有效的方法。

约翰迪尔公司就是这样做的，他们为农业、林业、建筑业、风力发电、商业园林和消费品等各个事业部的机会作定义，他们用其对未来的土地和工作的观点作为驱动，并且将未来与他们创造价值的能力相结合，得出了数个机会范围，包括工地整合、机器生产率和供水。这些范围和所有的事业部都能够产生共鸣。这些机会范围为约翰迪尔公司带来了新的技术投资、新的超越组织界线的平台以及创造出全新业务的潜能。它们是如此牢固和强大，以至于七年之后仍在发挥作用。通过创新，约翰迪尔公司也实现了它们的核心目标。创新的机会也如此，因为创新深藏于约翰迪尔的骨髓之中，也深藏于他们对未来的看法之中。

真正的领袖不是去寻求一致，而是去塑造一致。

机会空间

探险活动并没有随着那些区域被确定而停止。穿越海岸线和河流并把它们画在地图上有助于探险家们更多地了解地形和地势。但是，这已经触及到了探险的核心——回报。探险家们开始将地点和那里有什么联系起来了：亚洲和丝绸、东方和香料、新英格兰和木材、南美和可可。特别遗憾的一点就是，很多地区是因为奴隶而被大众所知。

一旦我们给格局和区域命了名，我们就可以开始探索它们能给我们带来什么了。每一个地区最初都会和大赚一笔联系起来，比如丝绸、香料或者木材。但是当我们更仔细地观察这个地区的机会发现器，即属于这个特殊区域的趋势、维度和洞察时，我们将会发现那些有趣的机会空间。

在玩拼图时，我们都做过同样的事情。那一堆堆蓝色的、绿色的、建筑物或是帆船的碎片初看起来都是相似的，我们会去想如何才能将它们拼起来。当我们仔细观察后，那些细小的差别就会被我们发现：海水是不同明暗度的蓝色，树木和植物有不同的纹理和质地，还有之前没有注意到的建筑物和船的细节。我们开始把碎片一堆一堆地分组，这样，它们更有可能被拼到一起。

同样，一旦机会范围被定型了，我们就确定了可以进行创新的空间。这些空间对于开发我们的产品和服务已经足够具体了。

比如，食品企业都在思考如何拓展健康食品领域。德尔蒙特蔬菜公司（Del Monte）正在考虑利用欧思医生（Dr. OZ）的洞察，他是健康领域的代表人物之一，近来他推荐将灌装蔬菜和冷冻蔬菜作为健康食品。思潘姆（Spam）的生产商荷美尔公司也许会利用他们的健康火鸡品牌珍妮欧（Jennie-O）来关注在减肥食品中增加蛋白质。新西兰的奶业巨头恒天然公司也许会聚焦于发现更多的将牛奶融入零食的机会，比如他们成功地推出的“长毛象”——一款为忙碌的人们准备的植物蛋白咖啡饮料。豆奶、米浆、杏仁奶以及有机牛奶饮品制造商白色波浪（Whitewave）也许会关注食材的源头。一家企业会看到不含过敏源的食品的机会，另一家企业则会关注原料采购地，而去建造一个关注于原料源头的新品牌。这些空间的区别在于一个空间源自消费者趋势，另一个源自机会；一个源自品牌，另一个源自供应链。这些企业定义空间的方法取决于他们能将什么带上餐桌的能力，这对他们来说确实是独一无二的。

企业对机会的范围和空间进行定义既是一种战略功能，反过来又能驱动战略。约翰迪尔公司通过寻找贯穿于传统业务线的范围，寻求成长的合作平台。而卡夫食品公司则看见了食品行业的显著优势，以至于他们把公司分解成两家公司。他们非常确信这些机会范围存在着差别，他们坚信用完全独立的两个实体去寻找这些机会会比较好。

一方面，卡夫积极寻找北美食品品牌，比如威尔维塔（Velveeta）、卡夫通心粉和奶酪、洁柔果冻（Jello）、士绅牌坚果（Planters）和奥斯卡梅尔（Oscar Mayer）肉类等的机会。这些品牌虽然在未来的很多年会成长得比较慢，但是它们会有很好的利润，并带来巨大的现金流。但是，不要将成长缓慢和成长迟钝当成一回事。卡夫瞄准了存在于这些品牌中的三个机会空间。

更刺激的口味：洋葱、培根或者西红柿蘸卡夫奇妙酱（Miracle Whip），墨西哥辣椒口味的费城牌（Philadelphia）奶油干酪，以及带黑胡椒碎末的卡夫低脂奶酪。

方便：新的预制食品，比如奥斯卡梅尔的手撕猪肉和什锦烩饭。

订制化：包括他们对米奥牌（MiO）能量浓缩液、水晶灯牌的饮用水口味添加剂和 A1 酱料的延伸。

另一方面，卡夫将部分工作交给了成立于 2012 年的新公司——亿滋（Mondelez），这家公司是一家快速成长的国际食品企业，它手中的品牌有奥利奥以及新近收购的吉百利和瑞兹。其中一个机会空间是巧克力，亿滋的一个愿景就是通过扩张吉百利牛奶巧克力、妙卡、三角（Toblerone）和拉克达（Lacta）等品牌成为世界上最大的巧克力制造商。这个空间中的子空间包括三个地区（印度、巴西和俄罗斯）以及两个创新平台（多泡的和一口大小的巧克力）。公司着眼于品牌交叉点的空间，在印度给奥利奥使用吉百利的包装风格，并为欧洲带去了吉百利妙卡费城奶油干酪。另外，亿滋还在市场营销方面看到了其他机会，通过利用数字技术，他们与创业公司合作开发了移动应用程序来驱动冲动型购买。

企业确定的机会空间常常像一张维恩（Veen）图—— 六大源泉有各种混合的重叠和组合。这正是真正的机会定义出现的地方。机会是强大、专注并且有战略性的——它们捕捉到了我们如何用技术、品牌、商业模式和组织创新真正地将市场需求整合在一起，并且被贯穿生态系统的条件所包围。从整体上定义机会空间——将推动力和拉动力与潜在的协同效应结合起来——明确了一个战略方向，我们应该把成长的能量聚焦于这个战略方向。

机会思维

☆ 给区域命名就是认领这个区域。

☆ 机会从鼓舞人心的范围层层细化到可行动的空间。

☆ 对每家企业来说，每个机会都不同，因为它们能够创造出独一无二的价值。

第 10 章　机会的发动机

机会发动机

一小撮胡椒带动了一个巨大的机会！在 15 世纪，人们对香料的需求非常大，每个吃过这种东西的人都会说它好。有钱人往往会在他们的腰带上扎一袋胡椒来炫耀他们的财富。当你知道一盎司胡椒的价值与一盎司黄金相同时，你就不会对此感到奇怪了。

香料的交易可以追溯到几千年前。阿拉伯国家与威尼斯做生意，让威尼斯人获得了欧洲市场上的垄断地位，这也让他们的邻居很恐慌。于是就发生了一件大事。这件事在当时并不像是一个机会的开端，但是它确实点了亮光明。奥斯曼土耳其人在 1453 年切断了陆路交易，从而垄断了货物，并对其收取额外费用，这不可避免地导致了海上贸易的繁荣。

葡萄牙人一马当先。达 • 伽马（Vasco Da Gama）的旅行绕过好望角，并在 1498 年成功到达印度，他为葡萄牙人打开了交易和获得巨大财富的海上通道。西班牙人也奋起直追，他们想要寻找一条自己的交易路线，最好不要与他们的邻居产生直接冲突。费迪南德 • 麦哲伦在 1520 年带领一个团队打开了第一条从西边通往亚洲的航道，命名为“太平洋（平静的大洋）”，这是人类第一次环球旅行。

机会存在于很多地方，比如，一小撮胡椒；来自奥斯曼土耳其人的大麻烦；来自威尼斯和葡萄牙的竞争对手；能让人看得更远并画出更好的地图以得到更棒的洞察的新技术；一片广阔的大洋。

往回看，这些机会都似乎显而易见——一个美好的呈直线式发展的历史故事告诉我们它是怎样发生的。就像我们已经读过的许多商业案例一样，它们听起来是那么简单，我们都期望如果发生在我们身上就好了。然而机会很少会是那么显而易见的。一旦机会变得明显，就会出现大量的竞争对手。我们必须去寻找新机会，我们需要完善我们的机会发现器，并且发现那个可以启动大机会的部分。

我们发现机会起始点的方法与玩拼图的方法是相似的。我们整理出了一堆一堆的碎片，把一块块特殊的碎片拼在一起。现在是真正开始行动的时候了。我们从找到一块块特殊的碎片开始。一块有着与众不同的特征的碎片也许是一艘帆船的桅杆；也许是一个被日光照射的屋顶；也许是花丛中一朵被清晰画出的花朵。我们把两块拼图放在一起，并且由此进行下去。越来越多的颜色和形状得到了匹配，图像也变得越来越清晰。很快，我们就完成啦！这个空间就确定啦。

当我们把机会拼凑出来时，我们也会在收集趋势、探索维度以及审视洞察的过程中看到一些与众不同之处。一个巨大的惊喜！——成熟的机会撞到我们头上啦！这些就是令人激动的金块，它们激励我们去寻找金矿。它们吸引了我们的注意力，并让我们开启了想象。这样一个巨大的惊喜是我们的机会发动机。它也许是一个种子趋势——很小，但注定会成长起来；也许是我们在延伸维度时发现的一个空白领域；也许是来自一位特殊用户的洞察；也许是一种新技术，或是一种可以带来新价值的商业模式。这都是令人兴奋的，它们告诉我们：机会也许即将来临。

机会不仅存在于那些新的、小的、空白的或是不寻常的空间中，也可能存在于另一个极端中而被忽略，比如某些旧的而不是新的东西，某些大的、明显的而不是小的东西，一个完全的空白领域，或者无处不在的寻常之物。

我们周围可能有很多机会发动机。我们在医疗行业发现了几种机会发动机。众所周知，很久以来，医疗行业就被认为是难以创新的行业，其中蕴藏着巨大的机会，但是定义它们并且选择在哪里行动却是个难题，因为即便有巨大的需求，也存在着难以解决的高额费用和规模等问题。

新的空间

变化是机会的创造者。真正的新事物总是值得去仔细看一看。新的专利、新的意见领袖、新的企业、新的产品、法规上新的变化以及进化行为都标志着成长的潜力。有时，新的事物来自相邻行业，比如几乎无处不在的智能技术的发展。

一种新的解决方案

医疗行业面临的一个挑战就是它需要我们的配合。我们都知道应该如何锻炼身体，但是我们要么压根儿不做，要么就是做得不对，反而对自己造成伤害。现在，一家芬兰公司 Myontec 正在尝试帮助我们。他们将传感器镶嵌在运动服里，这些传感器可以告诉我们肌肉群的锻炼程度，甚至轻轻地把我们推向正确的方向。它们甚至在寻找能够鼓励整日伏案工作的人们去运动的机会，鼓励人们站起来走一走。

飞利浦公司也在尝试使用电脑屏幕在办公室中创造出更好的健康氛围。他们的 Ergosensor 显示器可以识别你的姿势以及你颈部的位置，并且为你作出比如“坐直了”“调整距离”或者“起来走走”等诸如此类的提醒。

旧的空间

虽然来自新事物的机会看起来会非常明显，我们也不期望能从旧事物中发现它。但是，这也正是为什么我们应该朝那里看的原因！也许人们在过去已经尝试过却失败了，也许现有的解决方案看起来足够好了，所以没有人去挑战它。

一个旧的解决方案

想一想那些老式的处方药药瓶。这么多年，它唯一的进步就是有了能够保护儿童安全的盖子。而随着主要消费群体的老龄化，全球开出的处方药的数目在增加。在这方面存在着一个连环式的难题——每个人都会有更多的处方药，视力不好的人和一些有认知功能障碍的人有时会吃错药而对健康造成不良的影响。黛博拉•阿德勒（Deborah Adler）是一名设计专业的硕士研究生，当她的奶奶因不小心吃错了药而生病后，她第一次发现了这个问题。她检查了一下奶奶的药瓶，并想了很多方法去改进设计。她颠覆了之前的设计，将瓶子变成了扁平的，这样就有更多的空间可以用来印刷更大的字；她还将瓶颈变宽，并附带可以互换位置的彩色圈圈来区分不同的处方药。一家美国零售商塔吉特看到了这个机会，他们与阿德勒合作在美国食品药品管理局（FDA）为这个瓶子申请到了批准许可，并把它用在了他们供应链的各个环节。从那以后，塔吉特的药房获得了 2 位数的成长。阿德勒和她的团队赢得了美国工业设计协会的金奖和 21 世纪头 10 年的最佳设计奖。这个药瓶指向了一个更大的机会——老年人对所有产品包装简易的需求，这是一个很少有企业会去关注的机会。如果不是首先在医疗行业被应用，谁又会去这样想呢？

空白空间

空白空间指的是那些缺乏竞争的地方，它们之所以能够存在是因为还没有人做出一个可行的方案，或是因为还没有人看到这个机会。当然，没有竞争也可能意味着那是一个没有真正需求的死亡区域，但是空白空间至少表明那里有潜力。当我们沿着机会维度绘制出现有的机会地图时，这些空间也许会显而易见；它们也许还会出现在当我们延伸机会维度的端点而看见新的空间的时候，或者是看到目前价格差距的时候。

一个真空地带

全球人口的快速老龄化给老年人的住房带来了压力。在发展中国家，多数老人与家人住在一起。在发达国家，大多数老年人不和子女住在一起，他们很多是独居，常常还是丧偶。然而，近年来，在一些经济高速发展的国家，比如日本、韩国和泰国，人们的态度发生了变化。子女们认为自己不应该为照顾父母负责，并且他们的父母也更渴望独立和保护自己的隐私。发达国家是如何处理这个问题的呢?

几十年来，无法自己独立生活的老年人只能选择与家人住在一起，或者住在养老院。然而，时代变了，老年人更希望活得自由，不愿意放弃他们的社交圈子。那些有限的选择已经无法满足他们的需求。在与亲人住在一起和住在养老院之间存在着非常大的空白空间。有辅助看护的养老社区出现了，这些社区会根据老人的需要提供不同等级的辅助看护。尽管他们的身体功能会出现某些衰退，但这些老人仍可以与他们的朋友经常见面。这个机会已经有了一些不同级别的半独立形式，比如家庭护理和公共养老体系，甚至出现了一些专门的社区，比如高尔夫社区和游艇社区。仅仅在美国，这个市场就有400 亿美元的价值，而且随着更多的婴儿潮时出生的人退休，预计这个数字到2030 年会翻一番。这个机会在发达国家和发展中国家都会成长，目前在所有正在探索城市规划新途径的地方，这个机会都在拓展。

黑色空间

如果一个缺乏竞争的领域是白色的，那么充斥着竞争者的地方就开始变黑了。当一个行业本身已经很成熟，进入门槛很高并且在不断地集中时，这个毫无吸引力的空间就越发暗淡了。但是任何看起来是黑色的地方都有白色的空间。如果仅仅从传统产业的角度来看的话，我们会认为它会是一个黑色空间。如果从不同的机会维度来看同一个空间，这里也许根本就没有竞争。这发生在当我们超越那些正在延伸的维度之时，这些维度可能从很久以前就开始被大力延伸了，相反，我们可以从与传统维度完全不同的维度来看。这样，如果我们想象出一个全新的维度，也许最黑的空间也能是有吸引力的。

一个拥挤的空间

医疗设备市场是一个拥挤的空间。几家大的供应商，比如通用电气医疗公司、美敦力公司、波士顿科学公司以及在其他几家利基市场中的厂家，如卡德维尔实验室，正在争夺发达国家那些利润出现萎缩的市场，这些市场面对着降低医疗费用的压力。创新变得很慢，新产品多数是渐进式地出现而不是革命式的。决策常常基于成本做出。由于监管的压力，开发时间都很长。虽然市场依旧随着人口老龄化在成长，但这个成长已经不如多年前那么强劲。同时，在发展中国家，多数医疗服务提供者承担不起那些欧美市场上价格昂贵的设备，所以常常选择技术水平较低的国产解决方案。

尽管有这些限制，通用电气医疗公司还是决定把发展中国家作为自己的目标。他们同时着手多个维度——市场中心、工程、开发时间、成本以及商业模式。工程师们要把一个 15 磅重的心电图机器缩小成一个只需一只手就能拿着的便携式设备。他们使用现成的零部件，只花了原来费用的 60%，在 18 月内就开发出了这一款设备。这款 MAC-400 的价格只有 1 500 美元，而传统心电图设备要 10 000 美元。但是如果在正常渠道去销售它，他们很难取得成功。所以，他们基于自己的创意创建了一种新的商业模式和市场战略。他们和印度国家银行合作，在农村地区推广这款设备，并且给农村医生提供无息贷款。医生向每个病人收费 50 卢布（1 美元），在两年内就能还清购买设备的贷款。在更新的一个版本中，费用进一步降低为每个病人 10 卢布。他们现在已经在 100 多个国家销售这款设备，他们的目标是开发出超过 100 个医疗创新项目去降低成本并增加其使用度。他们的创新方法将会在发展中国家和发达国家的医疗设备领域持续地拓展着机会的潜力。

小的空间

大机会往往是从一些小东西开始的。也许它是一个微弱的改变的信号、一种种子趋势，或者一个小创业公司用一种新方法解决了一个老问题，也许它是某件事带给我们的暗示。毕竟，很多科学发现都起源于一些小观察。小事情会被我们忽略，就像干草堆里的针一样。它们也许会被细心的人观察到。当我们仔细地思考时，它们会指向一些有成长潜力的事情。

小创意，大机会

齐亚·克里斯蒂（Zia Cristi）的塑料保持器不是很好用，她在斯坦福MBA的同学凯尔西·沃思（Kelsey Wirth）也不喜欢高中时带矫正牙箍的感觉。他们在一起商量是否可以发明一个更巧妙的方法来矫正牙齿。如果能用先进的三维影像软件做出更好的保持器，然后用这个保持器取代牙箍会如何？1997年，他们利用数字影像技术制作出了一系列透明的塑料保持器，每隔几周取一次牙模，逐渐地移动牙齿。他们创立了一家名为爱齐技术（Align Technology）的公司，并且发布了他们的产品——隐适美（Invisalign）。这个产品为患者带来了更好的美感和舒适感，也使吃东西变得更方便，同时减轻了疼痛，减少了牙龈问题。到2012年，爱齐技术已经拥有了71 000名经过培训的牙医、20亿美元的销售额和180万的用户。

两个根本不在牙科领域的学生有了一个小创意，却撬动了牙齿矫正市场的一个大机会，击败了“大玩家”。面对机会时，其他公司也会跟随开发出不影响美观的牙齿矫正解决方案。最出名的是3M公司的陶瓷牙箍，它可以与牙齿有相同的颜色。但是爱齐技术是第一个开发出并且广泛推广了这种专门提升美感的产品的公司，他们将一个小创意转变成了大机会。

大的空间

大事物看起来好像是机会更容易出现的地方。但是，大也可能意味着令人生畏、不可逾越，而且人们也可能为了专注于那些可控的事物而最终忽略它。一个多年未被解决的大需求或者痛点会最终成为房间里的大象。每个人都假设它是无法更改的事实，而不知道可以为此做些什么。这个问题的严重程度意味着最终会有人站出来来解决它，并且解决方案很可能是全新的方法。

一个很大的需求

心脏手术出现之后的 100 年，世界上只有 10% 的人可以负担得起它的费用。那么一个医生能为这个巨大的挑战做些什么呢？德维 • 谢蒂（Devi Shetty）是 20 世纪 90 年代印度顶尖的心脏外科医生。一天，他正在做一个手术，突然接到了一个出诊要求。他先拒绝了，但稍后他又同意了，因为有人说这次出诊会改变他的人生。事实也确实如此，因为这次出诊是去给特蕾莎修女看病。这次经历激励他要创立一家医院，去为需要的人提供服务，而不仅仅是为负担得起的人。15 年后，他现在管理着位于班加罗尔的世界上最大的心脏病医院。他们对每一例心脏手术平均收取不到 2 000 美元的费用，只有印度其他地方的三分之一，与美国动辄 20 000 到 100 000 美元的费用相比更是不值一提。此外，他在印度还建立了一个占地 35 英亩的治疗创伤和癌症的中心，并在其他 14 个城市建立了医院。他们的远程医疗实践涉及了印度的 100 个机构以及非洲的 50 个机构。通过安装超过 5 000 台血液透析机，他们现在成为了印度最大的肾病治疗机构。他们甚至还联合政府创立了一个保险项目。

他们是怎样做到的呢？他们通过在组织内部进行创新来创造机会：高效的方法；精益实践；自己培训医生；劳动分工；每日统计缝针、用血和手术的指标；平衡那些支付得起费用的和支付不起的病人的负担。这样做使他们的利润率比美国医院的平均水平还要高，即便他们每周会做 60 例免费手术。

谢蒂医生的组织名为纳拉亚纳·赫鲁蒂亚拉亚（Narayana Hrudayalaya），梵文意思是“上帝的慈悲之家”，这个组织用一个新的方法满足了印度、非洲以及其他一些发展中国家的大众需求而发现了一个巨大的机会。所有这一切都是被他贴在墙上的特蕾莎修女的座右铭所激发：“缝针的手比祈祷的嘴唇更神圣。”

与众不同的空间

与众不同的用户和与众不同的使用方式表明存在着之前未被看到的需求。我们通常会忽略异常的人或者行为，而专注于寻找足够大的消费者细分市场来支撑我们的业务。毕竟，没有人愿意去为数不胜数的利基市场开发没完没了的产品和服务。关注与众不同的用户并不意味着更小的机会。相反，这些与众不同可以帮助我们看到一些竞争对手还没有看到的东西，为我们指出更大市场中的那些难以言表的需求。

与众不同的病人

一家社区医院想要寻找一种方法来增加到他们这里分娩的孕妇的人数。他们本想对这些孕妇进行调查，询问她们为什么会选择来这里分娩，但是他们知道那样只能听到同样的老生常谈。孕妇们会选择一家离家近的医院，或是一家医生忠诚度高的医院。所以，他们将目光对准了一小群与众不同的病人——那些住得离医院很远的孕妇，或她的医生对医院忠诚度不高的孕妇。当她们被单独询问为什么会选择这家医院时，这些孕妇说教会医院对她们来说很重要。然而，出乎意料的是，医院发现这些孕妇并不是教徒，甚至没有任何宗教信仰！然而，她们相信把一条生命带到世界是一件神圣的事，不仅仅是一个医学过程。她们觉得在教会医院分娩会在精神层面获得宗教仪式感的体验。

这虽然很有趣，但是问题在于这种对待医院的态度是否对更广阔的市场有意义。确实是的！一大部分准妈妈向往着更丰富的体验。更有趣的是，这种态度也会存在于其他服务行业。从小儿科到康复医学部，病人要求在技术含量低的服务中获得更多的情绪、心理或者精神层面的关怀。

这家医院抓住了这个机会。他们调整了投入，不再与竞争对手进行技术上的竞争，而是开始打造他们独特的定位。他们为妊娠期的每个月份制作出祈祷小册子，并且讲述在每个孩子出生时响起钟声的故事、护理者的故事，并介绍一些起到提振精神和鼓励作用的特殊项目。他们的差异化战略使下滑多年的利润重新出现了增长。

这个发现的机会实际上在这个社区之外要大得多。医疗服务提供者通过创造出新的服务项目、写书、开讨论班以及建立专门关注非技术手段的公司来提供关怀和康复服务。

无处不在的空间

无论我们向哪里看，无处不在的空间包围着我们，但有时也会被我们忽略。它不是房间里的大象——那些大的无法被满足的需求，而是小昆虫——几乎是感觉不到的。这些平凡的需求很难被注意到，因为它们是那样的普通。也许它们是我们没说出口的忧虑，也许是我们都必须应付的不便，没有人觉得它们值得被关注。

最普遍的问题

还有什么比细菌更加无处不在？它们到处都有。可是这个问题一直没有得到企业的注意。1966 年，一个医学院的学生获得了免洗洗手液的专利。有 20 多年，它一直像一种外来物质，被医院一类的机构束之高阁。当戈乔公司（Gojo）发布第一款商用免洗洗手液时，市场的反应是冷淡的。但因为

SARS、禽流感疫情不断升级所带来的恐慌，小瓶的凝胶和挂墙式消毒液分发器获得了欢迎。当有一项研究表明使用洗手液可以降低超级病菌在医院的爆发率时，戈乔公司的普瑞来（Purell）产品的销售飞涨。这个机会是巨大的。其他品牌也进入了这个市场，比如高乐氏（Clorox）的伯特小蜜蜂（Burt's Bees）以及 Germ-X。洗手泡沫、擦拭巾和肥皂等新产品也层出不穷。

随着消费者对细菌的认知度创历史新高，消费品巨头庄臣公司（SC Johnson）开始鼓吹他们的清洁产品的抗菌效果，从他们的 Scrubbing Bubbles 到 Pledge 家具上光剂。佐治亚太平洋公司（Georgia Pacific）通过建造无接触的洗手间来抗击公共场所的细菌。他们设计出液体分发器，这些分发器通过感应你的手喷出肥皂水、消毒液或者递出纸巾，而你无须触碰它。

回头来看，免洗洗手液看起来是一个明显的机会，但却被一家行业外的小公司抓住了，而没有像人们它期望的那样，由行业巨头，比如宝洁或是联合利华抓住。

足够的空间去开始

有更多的火花可以开启一个机会。我们也许可以通过关注有分歧的观点或者罕见的一致来看到机会。机会既存在于聚合中，也存在于分裂中；既存在于身边，又存在于远处。机会常常会从一些极端的事物开始。

无论我们的机会发动机是什么，无论它有多么令人兴奋，它也就是一块帮助我们前进的碎片。它需要与其他碎片结合起来，让它那与众不同的特征变得更有意义。但是，企业多久才会识别出机会发动机才是关键。他们发现了一种新的需求、一种新的技术或者一种创新的商业模式，于是他们在没有搞清其特征的全貌之前就想去抓住机会。机会发动机只是成长潜力拼图中的一块碎片。要理解机会的全貌，我们需要完成这张拼图。

机 会 思 维

☆ 机会出现在意料之外的地方——如果它们那么明显，那它早就被别人抓住了。

☆ 要发现新的机会，我们就要寻找机会发现器蹦出的火花。

☆ 发现机会需要观察那些被其他人忽略的东西。

第 11 章　未来机会的塑造者

如果你有要交易的东西，海上贸易对你来说是很好的选择。亚洲有欧洲人想要的东西——香料和丝绸，但是欧洲却缺少亚洲人想要的东西——黄金和白银。荷兰人和英国人的情况特别糟糕，因为他们没有贵金属的天然储备。贸易不平衡成为一个真正的大问题。最终，荷兰东印度公司发现了一个解决问题的办法——全亚洲贸易。拼图中缺少的那块碎片就是日本。荷兰与日本建立起了一种牢固的、排他的而且持久的关系，而日本在历史上与亚洲其他国家都保持着紧密的联系。日本想要西方的技术，比如毛瑟枪以及文艺复兴时期的科学技术和发明，荷兰人就用这些与日本交换铜、白银和黄金，然后又用这些贵金属与中国和印度交换丝绸、棉花、陶瓷、纺织品、胡椒和香料，再把这些货物运回欧洲。他们创建了一种新的商业模式，成为第一家“跨国机构”，并且建立了好几个区域总部。结果呢？比起他们的竞争对手英国东印度公司，他们使用了两倍数量的货船，从亚洲运回了五倍数量的货物，连续 200 年产生超过 18% 的红利。拼图的碎片一直在那里，但荷兰人把它们拼到了一起。

机会存在于每一个源泉中，当我们把它们联结起来，大的机会就出现了。

作为一种关系，机会的定义告诉我们，我们不应该关注单个源泉，而应该关注它们是如何互动的。我们将碎片拼到一起的方式形成了机会。

让我们回到拼图游戏去寻找更多的洞察。有一块与众不同的碎片在手，我们要寻找与之匹配的颜色和图案、适合的凸起和缺口以及它与其他碎片的联系。在形成机会时，需求就像碎片上的缺口，创造价值的能力就像是适合这个缺口的凸起，匹配的颜色和图案就像是允许它们两个能以有意义的方式拼在一起的条件。

在最难的拼图游戏中，也许会同时有几块碎片适合拼在一起，但是它们的颜色和图案却不匹配，也会有图案匹配、但形状不匹配的情况出现。机会格局化有时也会变得很难捉摸。我们也许会有一个市场需求和一种解决方案，但却没有文化和环境等其他方面的有利条件将它们结合到一起。或者我们有完美的条件去满足需求，但却找不到合适的技术平台实现。这就像是拼图游戏——直到所有碎片拼到一起并且图案匹配，它才算完成。

> 塑造机会是一个定义机会以及明确我们能够主动地为机会做些什么的过程。

我们是机会塑造者

拼图游戏与将机会整合起来在一个方面有所不同。在机会格局化中，我们无法拿到一块其他人做好的碎片。相反，我们既是拼图游戏的创造者，又是它的玩家。我们通过找到如何将碎片拼到一起的方法来完成拼图游戏。但是，我们也会影响碎片的实际形状和它们拼接的方式。毕竟，我们并不仅仅是一个局外的观察者，我们也是机会生态系统的参与者。

我们是价值的潜在创造者、需求的唤醒人、定义机会条件的参与者和影响者。

当需求不存在时，我们无法将它们唤起；我们无法违背物理学定理去创造新技术；我们无法仅凭一跃就超过我们的竞争对手；我们无法回避我们不喜欢的法规。但是，我们可以通过自己的创造性和想象力来塑造格局和机会。六大源泉使我们能够发现机会的形状，并且积极地塑造机会。一旦我们手中有

> 塑造和延伸机会就像是吹气球。每一个我们能够使用的源泉就像一股新鲜的空气——它扩张和伸展，塑造着机会，并且让它变得更大。

一个发动机，我们就可以转向每一个源泉去看看我们如何能够延伸这个机会、克服令人恐慌的影响、支持它并且最终坚持下去。这样做，我们就是在积极地塑造我们的命运。

延伸和加量

如果我们有一簇机会的火花，那么只有当我们想要将它烧成大火时，它才有意义。要这样做，我们需要审视每一个源泉，看看它们怎样才能帮到我们。使用新技术也许是一个好的开始，但如果我们能找到一个廉价的方法来使用它们，又会怎么样呢？这就会让更多的用户有机会使用新技术，从而进一步拓展我们的机会。或者我们可以通过惊艳的人体工程学设计、改进最终的可用性、提升技术和体验完善了这项技术，转而为我们自己和其他人延伸这个机会。

机会不会完整地出现在我们面前。
我们是机会和自己命运的塑造者。

如果我们的机会发动机是一个市场需求，我们也许可以寻找一种能够创造出分层级的产品或服务的商业模式来扩大市场规模；如果我们的发动机是一种新的品牌定位，我们也许可以通过着眼于环境来获得用更多的支持以使品牌更具吸引力。

在某些情况下，我们会发现，一个看起来像有延伸作用的东西却是加速器。在当延伸的源泉超越了甚至是原始的机会发动机时，加速就发生了。

对于隐适美来说，克里斯蒂和沃思本可以将这种产品引入目前的牙齿矫正市场。相反，他们通过进入一个基本上没有被开发的成人市场来加速这个机会的形成。他们发现，很多成年人想要矫正他们的牙齿，但因为羞于这个主意像是一个12岁的孩子做出的而打了退堂鼓。牙箍唤起了我们童年的记忆：那些矫正牙齿的孩子们被赋予了各种各样的外号，比如牙箍脸、金属嘴、小钢牙！将目标对准成人市场产生了新的潜力，并且对创新起到了更大的拉动力。爱齐技术通过他们的商业模式进一步延伸了这个机会。他们从硅谷拿到了投资，这样他们就可以快速地扩张，并且发起了一个直接面对消费者的广告攻势。这个广告攻势制造出了海啸般的被积压已久的需求。

令人窒息的因素：机会的阿喀琉斯

当我们在一个又一个源泉中寻找延伸的机会时，我们可能会碰到一些难题，这些难题可能会扼杀、阻碍机会的产生，甚至将它中止。可能有一个技术障碍必须被解决，否则这个机会就要胎死腹中。可能有一项法律法规即将发布，我们却很难遵守。也可能有一个不好的时机——经济崩溃或者消费者还没有准备好。如果仔细观察，我们会发现几乎每一个机会都有至少一个阿喀琉斯的脚踝——如果应对不及时就会导致失败的某些东西。尽早发现它们可以帮助我们通过创新和制定一些战略来规避它们，或者得出“这是一个无法通融的问题”的结论。

还是隐适美的例子，他们克服障碍的过程却点亮了机会的火花。长久以来，外观丑陋的牙箍扼杀了来自成人的需求。但是，还存在着其他的障碍，牙齿正畸行业就是其中一个。正畸医生学习的是传统的正畸方法，而且他们对这些方法信手拈来。对于一个已经很忙碌并且收入可观的专业人士来说，要去重新学习一种新方法是一个大障碍。他们需要一些激励才会去学习新东西，而且这些新东西还必须非常简单。所以，爱齐技术打造了这样一种商业模式，他们为医生制造出了优质的产品，并且还通过将程序自动化来减少医生花在上面的时间。他们在公司中成立了一个培训部门，他们既是新的隐适美认证牙医的培训师，又是新近使用隐适美产品的患者的跟踪者。所有这些努力都是为了克服引入一项医疗技术要面临的难题。

有时，机会的阿喀琉斯脚踝就是我们自己的组织。机会要求变化，但变

> 早一点认识到障碍和绊脚石是开启和塑造机会的关键因素之一。如果我们能够克服那些障碍和绊脚石，我们就有能力去利用一个很多人已经下手但从未被真正利用的机会。

化可能会很难。品牌经理有短期的目标任务，所以他们常常无法去追寻那些出现在地平线上的机会。由于缺乏跨职能的利益，研发部门也许会抵触变化，这会造成项目延期，而且产品最终会无法上市。也许正是由于我们自己的销售团队觉得销售大批量的产品比向利基市场销售新产品更容易，所以机会就溜走了。诚然，这些主要都是执行层面的问题，但它们会影响我们在正确的时间创造出正确的价值的能力，而且我们创造价值的能力只是机会方程式的三分之一。一个在理论上看起来很吸引人的机会却可能在实际中难以实践。

次要的因素

当六大源泉中某一个既不能用来延伸机会，又不会扼杀机会时，它可能就在扮演一个次要的角色：辅助。也许这个行业的基础设施有过剩的产能足以满足新机会的需求，目前的商业模式、品牌、技术，甚至市场细分也都可以匹配机会的需求。这些源泉都会与机会做完美的配合。虽然只起到辅助性的作用，但是这个源泉对成长的潜在贡献也不应该被忽略。稍作调整，这些功能就可以进一步强化机会。品牌定位需要改善，设计需要更新，沟通也需要更新。通过对资产、程序和业务系统渐进式的改善，我们可以最好地服务于这个机会。

由于爱齐技术管理并存储着所有患者的相关资料，他们可以通过开发一个能够让医生工作更容易的信息系统来支持他们的机会。信息默默地在幕后提供支持，这被看作是一种巨大的创新，目前，他们已经有了世界上最大的牙齿数据库。他们本可以满足于此，但是他们基于这个数据库又进一步开发出持续教育、软件服务以及新的成像技术和扫描仪。

这个组织不断地发展以支持机会的成长，他们增加分销合作伙伴，在全球范围内设立分支机构并且开发出内部培训课程。

持续的因素

塑造一个机会不仅是为了让它在今天延伸，而是把它延伸到未来。机会总是在变化，我们对它们的探索应该包括它们可能会选哪条路。当跟踪一个机会时，我们可以绘制出这个机会的路线图并预测出我们希望实现的成长是否真的是可持续的。最好的机会有三条底线——利润、地球和人类都是可持续发展的。我们着眼于利润，然后将注意力转向地球和人类。我们这样做不是因为贪婪而不顾及人类和地球，而是因为我们就不该去寻求一个无法产生可持续利润的机会，这样的机会也很难会为我们提供成为一个地球和人类好管家所需要的资源。

所以，我们通过尝试绘制横跨六大源泉的路线图来看看这个机会要多久才能够产生利润。让我们来设想下能够在今天和未来适应机会的品牌定位、价格会如何演变、把哪些细分市场作为目标、基础设施和产能会怎样变化、技术可能的演化以及未来的法规和监管等。机会的路线图能够帮助我们避免出现自相残杀式的品牌扩张，帮助我们避免陷入侵蚀利润的危险状态，揭示出技术何时会过时或者产能投资何时是必需的。绘制一张机会路线图的实践可能不完美，但它会点亮机会的另一个方面——深度，会告诉我们那里是否真的有一条可持续成长的道路。不是所有我们选择追寻的机会都是可持续的。但是，我们真的需要知道可持续的和不可持续的机会之间的区别，从而避免自己误入困境：看似得到了巨大的可持续成长的机会，但那只不过是一个创意罢了。

> 如果你想旗开得胜，你最好带上机会路线图。

爱齐技术并没有止步于自己在牙齿正畸市场引起的轰动。通过一次冒险的尝试，他们将服务对象从正畸医生扩大到全科牙医，以维持他们的机会和成长。现在，全科牙医也可以接待正畸患者，所以他们的收入增加了。2003年，爱齐技术通过把他们的方法纳入牙科学院的课程来进一步吸引外部生态系统的关注。2008年，他们开始向一个新的细分市场推进——青少年这个有着自己审美需求的群体。技术路线图包括开发他们的数字、软件和扫描产品。此外，他们还在产品中增加了一些新的技术要素，让产品能够在更复杂的案例中使用。比如，他们增加了在某颗牙齿上粘上微小的、永久性凸起的功能，这样牙齿保持器就可以抓住这些有凸起的牙齿，从而让隐适美产品也适用于一些原本要利用传统牙箍才能解决的疑难病症。

机会路线图有助于我们树立一种地球与人类可持续发展的观点。我们可以把技术和基础设施路线图设计成适合于环境可持续发展的。我们的长期商业模式可以激励我们的合作伙伴、客户和消费者去帮助我们回收和再利用资源。我们的品牌可以讲一个持续的故事，巧妙地给我们的竞争对手施加压力以达到或是超过我们的标准。我们的组织可以加入公平劳动的实践中，并且只从那些同样这么做的企业那里购买产品。我们可以与我们周围的意见领袖团结起来，开发对我们的社区有益的项目。不管是现在还是未来，我们为人类和地球创造可持续发展机会的能力都必须成为选择机会的一个重要标准。

机会思维

☆ 我们可以塑造我们的未来，因为我们可以塑造我们的机会。

☆ 六大源泉是机会的延伸器、加速器和维持器。

☆ 机会路线图为我们提供了一种看待机会的长远观点，所以我们就不会去追寻那些短命的机会了。

第 12 章　把握机会的规模，讲好机会的故事

渔夫都很乐于吹牛，讲那些他们捕到的或是跑掉的大鱼。每一次吹牛都有两部分内容：鱼的大小和它背后的故事。

探险者同样喜欢吹牛。他们把财富和他们丰富的经历讲出来供人们娱乐，并且常常因此得到未来航行的资金。这些故事对他们的成功、他们投资者的成功以及世界的扩张都至关重要。

机会的故事也是类似的。那些故事向我们讲述了机会的规模和性质，并且刻意说服我们的组织进行投资和开始新的尝试。然而，要准确地理解机会的性质可能是个难题。虽然企业能够预估出一个产品的市场规模，但却很难评估出机会中可能包括的所有内容。那么，我们应该如何衡量机会的规模，并且通过描述它来让组织愿意相信这个机会并为它投资呢？

衡量机会的规模

让我们来看看这个来自探险家、数学家和地图绘制者的有关的衡量的故事——衡量地球的大小。

公元前 400 年，柏拉图估算出地球的周长是 40 000 英里。公元前 250 年，阿基米德认为是 30 000 英里。公元前 200 年，埃拉托色尼（Eratosthenes）得到了很靠近实际的数字：25 000~28 000 英里之间。后来，公元 200 年，托勒密说是 18 000 英里。虽然埃拉托色尼和波西杜尼斯（Posidonius）的估计是最接近地球的实际周长 24 900 英里的，但是在 15 世纪，探险家们使用的却是

托勒密的数字，因为他的作品特别被当时的学者推崇。结果，出现了很多糟糕的旅行计划和饥饿的水手：哥伦布认为他的旅程只有几千英里；麦哲伦认为航行会在几个星期内结束，然而实际上却花了好几个月，导致饥饿的水手为了生存吃光了所有他们可以找到的东西。

衡量机会同样也是困难的事情。比如柏拉图，他可能在一开始时估计得太大，然后随着时间的变化不断缩小。估算可能开始于过度自信和过于简单的草纸演算，而且仅仅基于一个市场的规模。毕竟，如果我们得到了中国市场 1% 的份额，那么机会就会是巨大的！当然，我们也只是那 1 000 家希望得到 1% 市场份额的企业中的一家。

我们也可能像托勒密一样低估了机会的大小，让我们的组织对它的大小及其对资源的需求毫无准备。也许，我们的组织缺少看透机会真正规模的眼力，仅仅是着眼于市场而忽略了其他源泉以及它们延伸和加速的能力。低估会导致对机会的资源供应不足，最终将它们拱手让给那些更饥饿的、愿意为一个完整旅程好好做准备的竞争对手。

当然，有时某个机会看起来很小，那是因为我们认为自己对它来说太大了。托勒密对地球大小的估计坚持了很多年，直到芬兰绘图师杰拉杜斯•麦卡托（Gerardus Mercator，1512—1594）减小了欧洲和地中海的大小而有效地增加了地球的大小。大企业经常会低估一个机会的长期价值，因为他们高估了自己的规模和重要性。大多数企业喜欢的机会对这些大家伙来说都太小了，结果他们会错失很多成长的机会。

无法精确地理解机会的规模可能会在很多方面对我们产生不良的影响——我们要么放弃这段旅程，要么就是无法对这个即将开始的旅程进行充分准备。

通过探索，我们对规模的判断力逐渐培养出来。就像我们玩拼图游戏一样，当把碎片拼到一起时，我们就知道了这幅拼图到底有多大。对待机会也是一样。我们对它的关注越久，就越清楚它的量级。塑造机会给我们一个独特的视角来审视它的大小，有助于我们记住这个规模会以不同的能力改变一家企业。衡量机会规模不仅仅是估计市场的大小，我们还应该考虑如何去塑造、加速和维持这个机会。我们对所有源泉可能付出的行动就描述了它的可能性。

很多错误才能成就一个正确。

衡量生态系统的规模

对机会的塑造让我们明白，我们不是在独自行动，一个庞大的机会生态系统正等待着成为我们的合作伙伴。这个生态系统拥有关于这个机会的未来的所有洞察。我们可以越过向客户提问这一步骤来预估市场的潜力，转而从机会生态系统中去了解他们的观点。实践已经证明，一个人无法精确估计出罐子中糖豆的数目，但一群人猜测的平均值一般都会趋向正确，这是因为不同的误差相互抵消掉了。所以，这就是生态系统。如果我们向足够多的有眼力的人征询他们的观点，即使他们的观点有偏颇，但将这些观点集合在一起也会令人信服。

除了能得到一个更好的关于整体机会的感觉之外，这个生态系统还可以帮助我们理解规模的每一个驱动因素以及如何让它的潜力变得更大。技术专家利用创新曲线和产品生命周期来预测；品牌专家和零售商基于发展一个新品牌的时间和它们能成长到多大来预测；设计师知道要花多长时间才能让事物变得流行或者消失；文化批评家和观察家知道改变某种行为所需的时间和影响力以及那些行为如何传播。一个人会考虑货架空间上的机会大小，另一个人考虑知识产权；一个人考虑发货量，另一个人考虑利润率；一个人会考虑个人的喜好，而另一个人则想着社区的倾向。

综合利用用多种方法协作衡量规模并不是一种新方法。很多年前，就有很多人想出了各种方法来估算地球的大小。比如印度数学家阿耶波多

（Aryabhata）、一个伊斯兰学者团队以及一个 17 岁的名叫比鲁尼（Biruni）的波斯人，他们通过测量距离、爬山越岭、穿越沙漠、观测太阳、创造矫正因子等方法几乎都得到了完全精确的对于地球周长的估算。他们每个人都发展了我们对于地球和恒星的特征和大小的理解。

使用一种基于生态系统的方法来衡量一个机会的规模，不仅提供了一个关于市场潜力的数字，它还会使这个机会的故事变得完整，塑造这个机会是故事的一部分。通过六大源泉衡量规模可以为成功提供一些指标。找出这些成功因素能够帮助我们进一步为延伸机会制定战略，让机会沿着生态系统所使用的每一种衡量方法变得更大。

关于机会的故事

信不信由你，正是一些关于鱼的故事激起了人们对北边大陆的好奇心。不列颠群岛的渔夫一直在寻找捕鳕鱼的好地方。自从听说了亥巴西岛的故事，位于爱尔兰海岸外围的神佑之岛上的盖尔人就越来越往西走。约翰•卡伯特（John Cabot）捕到了第一批大鱼。15 世纪 90 年代，他在得到了亨利七世的赞助后开始了他的航行，并最终发现了纽芬兰。他的船员回来报告说那里的树木很高，可以直接用来做桅杆；那里到处都是鱼，放一只篮子到水里就能捕到。据说，卡伯特告诉国王，英格兰不再需要冰岛的鳕鱼了。这个发现给卡伯特带来了丰厚的酬劳和后续航行的资金。

探险的时代就是一个讲故事的时代——关于如何开始旅程和返回的故事。毕竟，想象一下，如果仅仅到国王那里要一点点金子去旅行，告诉他你预感目的地那里有财富在等待你发掘，然后就跳上你的船出发，你也许再也不会被邀请回到王宫。

探险家们都会力荐他们的探险计划。他们会使用最好的地图，并且使用从其他探险家那里得到的最新洞察和最新数据计算出路程的长短，还要列出所需资源和期望得到的回报。当然，细节还是很粗略的。毕竟，他们是去一个新的地方，所以他们无法做出完美的描述。但是，他们做了所有他们能做的事情——既创造了一个愿景，又证明了实现这个愿景所需要的资金是合理的。

当他们从旅行中返回时，他们的故事会更加精彩，因为这些故事描述了那些新的地方、人、动植物以及财富。他们的账户里有大笔的财富。他们把看到的景象标注在地图上。植物和食品的样本被带回来，并在热切渴望的观众中小心地被分享着。然而，无论怎样的描述都不足以充分表达探险家们自己所经历的方方面面。

当我们发现了一个机会时，我们也会遇到同样的难题。如果希望有人为我们的冒险活动投资，我们就必须得到大量的信息和洞察并传递给他们。把这些信息和洞察组合成一个有意义的故事是一件很难的事情，但是我们有一个优势，那就是我们已经得到了这些洞察，并把它们塑造成了机会。我们已经看到了它们之间的联系，所以可以讲出一个更有说服力的故事。而且，我们已经预估出了机会的规模，这就帮助我们理解了它的驱动因素。

我们既是拼图游戏的创造者，又是拼图游戏的玩家，我们已经把机会的最终拼图完成了。我们已经到那里旅行，并且与那里的人们进行了交流。通过趋势，我们已经既看到了过去，又看到了未来。我们已经把机会进行了格局化，在一张地图上把它视觉化，并且做了详细的注释。洞察、趋势和格局告诉我们机会的主角是谁、机会是什么、它发生在哪里、发生在何时、如何发生以及为什么会发生——这都是关于机会的丰富故事。

我们的故事从探索地形开始，然后确定我们的空间，接着找到机会发动机。随着我们的延伸、加速、迂回绕开扼杀者、支持并计划如何去保持它等类似的行动，机会渐渐成形了。机会路线图揭示了今天和未来的故事。那些关于机会的故事不仅是一个商业案例，它们还绘制出了一幅图画，这幅图画描述出那些等待被满足的渴望、我们能够创造的价值以及可以把六大源泉聚合在一起的条件和时间。

现在，我们要做出一些选择了。手里有了这幅图画，我们可以选择去哪里，不去哪里。我们可以明白新的空间有多大、取得成功需要什么条件以及我们是否适合于在那里取胜。我们要为需要的东西设立优先级。有些机会适合我们选择，因为它和我们目前的能力很匹配；而有些机会很大、很有吸引力，而我们需要培养实现它所应具备的能力。对每一个机会来说，我们都要弄清楚有什么可以利用、有什么要建立、有什么可以借来、有什么可以买到。

为了挑选机会，我们需要看到完整的图画和行程记录。

毕竟，如果某些能力可以在内部培养、通过开放式创新借来或者通过收购买到，我们就不应该被目前的能力范围所限制。有些机会适合我们，而有些不适合。我们无法哪里都去，在哪里都成功，因此只要掌握了这些能力，我们就可以有信心地做出选择。

很多时候，组织拿到的只不过是一块拼图碎片——一个巨大的机会发动机。这个发动机被当作故事本身，好像所有其他的碎片都要就位了。这个发动机成为了衡量组织获胜程度和理由的基础。领袖们被要求基于这些不完整的细节来起航。他们无法得到一系列的机会以及合作伙伴的故事，所有这些都需要相应的能力、与他们有关的路线图以及短期和长期的潜力。为了挑选机会，我们需要看到完整的图画：格局、区域、空间以及它们的故事。否则，我们的决定就会是断章取义的了。随着时间的推移，我们会怀疑我们的决定，导致我们缺乏对机会真正的承诺。

将我们挑选的那些机会集合起来就构成了一个真正的成长愿景，它是一幅描述我们想要去往之地的图画，也是对每一个目的地的机会故事的描述。这样的一个愿景在很大程度上区别于通常意义上的组织愿景——一个有着巨大数字的目标，却没有对最终会在哪里着陆的设想。如果这个愿景模糊不清或是令人望而生畏，这意味着它虽然能够鼓励人们前进，却没有提供任何指引。

想象一下，如果让某人去玩拼图游戏却不给他包装盒，而仅仅告诉他有多少块碎片。完成拼图也许是可以做到的，但多数人会发现它带来的沮丧多于回报。这就如同我们要求组织去完成一件事情一样，我们仅仅只是告诉他们机会有多大，却没有提供任何关于目的地有多美丽和多壮观的信息。

一个基于成长愿景的机会是一个关于我们会在哪里结束、我们将占有的区域以及我们将拥有的创新空间的故事。它应该能够激励并凝聚起我们的组织。

对员工进行的调查告诉我们，人们更会被内在回报所激励，而不是外在的——价值观和奉献的观念永远会胜过金钱。然而，我们试图用财务目标来激励我们的组织，却无法明确说出我们如何让组织作为一个整体与其成员一起来创造新价值、如何满足持续的需求、如何培养生态系统中保持可持续成长的条件，换句话说就是我们自己和我们的世界怎样才能通过这个旅程而得到转型。

> 机会格局化是鼓舞人心的愿景，这个愿景激励我们的组织去驱动成长。

一个鼓舞人心的成长愿景

荷兰的国有矿业企业皇家帝斯曼集团（Royal DSM）是一家销售额高达 90 亿欧元（约 123 亿美元）的跨国公司，它利用鼓舞人心的和基于机会的成长愿景实现了企业转型。这个愿景驱动着他们确定了明确的成长目标——立足于与他们的材料和生命科学业务相关联的关键影响趋势之上。人口增长、城市化以及收入的增加正在创造关于食品添加剂和食品安全的机会，全球老龄化趋势正促进着预防保健和制药业的发展。他们在多年之前就对能源行业的趋势进行了筹划，为后化学燃料时代制订了计划，也驱动了其在来自生物资源的材料方向上的努力。但是，他们也在寻找眼前的问题，比如通过可重复利用来使电子垃圾的产生最小化。

把出现的机会和他们的能力一一对应让他们发现了其在生命科学和材料科学以及二者重叠部分上的潜力。结果，他们把这些结合在一起形成了生物医学材料业务线，这项业务能够开发出从新人体器官到新药物投放的所有业务。

如果你不知道你要去往哪里，你也许会最终来到另一个地方。

三重底线一直被他们放在战略的首要位置上，这让他们明确了四个成长支柱，并在其指导下采取行动：首先，他们用70%的精力关注高成长经济体；其次，他们强调创新，堪称典范的案例就是他们帮助飞机和船舶减轻了自重，从而获得了更快的速度，他们的可持续性发展重点放在了材料创新和生产实践上面，这为他们赢得了“道琼斯可持续性发展指数”的殊荣；最后，他们通过建立合作关系和收购并购来实现成长，比如他们收购了美国嘉吉公司（Cargill）的细胞培养和酵素业务。自始至终，他们一直对22 000名员工清晰地表达着他们的愿景——一个聚焦于安全、全球多样性以及高水准承诺和工作满意度的愿景。

现在，他们通过一个新的公司品牌和市场活动——“帝斯曼：光明的科学，更光明的生活”——将这个愿景公之于众，用以激励他们所有的利益相关者。他们的战略是基于趋势、洞察以及一个围绕着他们将往哪里去的故事制定的，它正在创造着强劲的成长和超出预定目标的销售增长，即使是在困难的经济时期。

机会思维

☆ 机会故事告诉我们：机会是谁、机会是什么、机会在哪里、何时有机会以及为什么有机会。

☆ 一个机会的规模取决于企业塑造机会的独特方法。

☆ 基于机会的成长愿景会通过指出组织成长的目标来激励我们，而不仅仅只告诉我们财务目标。

06 机会既需要开采，也需要耕种

机会的耕种需要更多的耐心，开始时收成会比较低，但随着时间的推移，收成会慢慢增加。

1492 年，哥伦布驶入了蔚蓝的大海。

当你试图记住哥伦布第一次航行的日期时，你也许会回忆起上面这一行文字。然而，你也许不会记得他接下来的探险。哥伦布带着对他所遇到的大陆和人群的描述顺利返航。在一封写给他的投资人之一——路易斯·德·圣坦杰（Luis de Santangel）的信中，他提到了“黄金矿山和其他金属”以及“适合种植和播种的非常宽广和肥沃的平原”。这样的描述让他获得了下一次旅行的资金。但是，这一次，船上来了一些旅客——矿工和农夫，还有一些绵羊、马匹和奶牛！如果探险家的工作是去发现新大陆，那么矿工和农夫的工作就是去获得投资人期望的价值。

矿工和农夫从土地上获得价值的方式非常不同。矿工挖掘土里现有的东西，而农夫种下将会生长出东西的种子。采矿可以立即得到回报，而耕种则需要更多的耐心。矿工的任务以“bang”的一声开始，但是为了得到更多的矿石，他们的任务会变得越来越艰巨。

农夫的工作在开始时会很有挑战，比如清理并开垦土地以及找到什么作物最适合种植。但随着时间的推移，收成会越来越大。农夫会在这块土地上耕种很多年，而一旦老矿被开采完后，矿工就会离开老矿去发现新矿。

有趣的是，资助这些著名的探险活动的政府之所以会这样做，正是因为他们已经把欧洲的矿都开采完了。他们无法挖得更深，因为没有技术可以防止水灌入矿井，所以他们才去寻找新矿。而当他们把农夫接回来，他们并没有想到农夫会比矿工带回更大的价值。最终，财富都来自农民培育出的那些农作物，比如可可和烟草。

机会的开采和耕种

我们也可以把“矿工”和“农夫”带到我们发现的机会区域中来。要获得全部的价值，两者都需要。我们在当下的市场中“开采”，发现更多的机会，强化我们的地位、品牌和品质，以获得更多的价值。然而，最终回报终会减少，我们必须走出市场，并且必须去发现新的潜能——也许是针对新的客户或是区域。

有些机会空间适合于机会培育者。

价值不是自己形成的，而是等待被挖掘，它必须被创造出来。机会“农夫”必须学会整理土地、清除障碍并且找到什么作物有最好的收成。机会的耕种需要更多的耐心，开始时收成会比较低，但随着时间的推移，收成会慢慢增加。

> 我们需要提高机会培育的收成。

我们的组织更适合开采机会。

毕竟，我们了解回报，手中掌握着产品和服务，只是在如何强化产品和服务或者扩大市场份额来获取价值方面存在问题。但是，经常出现的情况是，一个看似可以开采的机会实际上却是一个应该耕种的机会。我们被迷惑了，认为我们可以简单地把现有的产品和服务带到新市场去，而事实上这个新市场需要一些不同的东西，比如一个机会“农夫”做事的风格，一个经过深思熟虑的种植新东西的方法等。

看一看那些近年来成功和不成功的扩大市场的尝试吧。有开采思路的企业直接把他们在发达国家的产品和服务照搬到发展中国家，可是他们都惨败了。印度人每天都穿着薄如纸张的莎丽，惠尔普洗衣机失败的部分原因就是它扯坏了这些薄薄的莎丽。凯洛格的冷麦片也没好到哪里去，因为当地人一直习惯吃热气腾腾早餐。

这些企业并没有充分地研究市场需求，也没有让他们的方法适应市场需求，而农夫却会研究土壤，找到适合的种子。

> 危机有两层含义：一个是危险，另一个是计划。
> ——约翰·肯尼迪（John F. Kennedy），美国前总统

很多跨国企业首先会专注于为发达国家设计产品，但越来越多的企业学会了适应新的环境。

最初，消费品从发展中国家进入新兴市场时曾出现过问题：大包装的牙膏和洗发水太贵了。随后人们发现，很多新兴市场的工人是按天领取工资的，于是高露洁和联合利华找到了解决方法：制造小袋包装，仅够一天的用量，用一个硬币即可买到。

运用民族志方法对消费者进行的研究已经开始帮助企业去适应市场了。出于对印度的无水剃须和中国公共洗浴的考虑让机会的形状变得越来越完整。通过研究新兴市场的实际需求，诺基亚了解到，功能过于全面对于只要价格便宜和结实手机的用户来说没有吸引力，从而避开了潜在的失败。同时，某些产品特征却是必需的，比如为整个家庭共用的一只手机设计多个通讯录文件夹。

然而，仅仅决定去耕种机会而不是开采机会还不够。如果是这样，新产品的推出会更成功。高露洁和联合利华所做之事情是富有洞察力的，甚至非常有同理心。但是，不是每一种新产品或是新服务都适合我们的机会。

机会思维

☆ 要抓住机会，既需要耕种机会，也需要开采机会。

☆ 新的机会需要新的培育方法。

☆ 耕种是“播种”新的需求，开采是挖掘现成的价值。

第 13 章　机会的精耕细作

欧洲崛起的真正原因是什么？是探险活动？是科学？是艺术？还者马铃薯？答案更可能是那些不起眼的马铃薯。1532 年，当看到南美印第安人食用马铃薯时，弗朗西斯科 • 皮萨罗（Francisco Pizarro）并不觉得有什么了不起的，但是在之后的几十年内，西班牙人就开始种植和出口这种奇怪的淀粉了。刚开始时，马铃薯并没有被大众接受，因为它看起来怪怪的，又没有什么味道。但是，多年之后，一些国家的统治者看到了它的价值，并且鼓励人们把它们当作主食来食用。结果，马铃薯成了帮助欧洲解决每十年一次的饥荒并且建立起帝国的功臣。马铃薯养活了越来越多的欧洲人口。

马铃薯现在又在养活亚洲越来越多的人口。近来，随着马铃薯在发展中国家的产量超过了发达国家，对它的消费需求也在不断上升。也许这就是全球最大的炸薯条制造商之一——蓝威公司最近为遍布亚洲的快餐连锁店引入了薯饼的原因。这种小薯饼有烤洋葱、印度咖喱和甜椒三种口味，它再一次炒热了马铃薯的前景。

马铃薯是个了不起的东西！这很奇怪，因为它最初被视为一种有毒的根茎。安第斯人花了几千年培育它、去除毒素，并且创造出不同的种类和用途。

他们又花了好几百年的时间去增加亩产量。即便是今天，在不同国家用不同的种植方法，其亩产量也会大不相同，最高的亩产量可以是最低的 3 倍。

如果能够通过创新实践来把我们的生产率提高 3 倍，难道不好吗？我们当然需要。我们之前提到的那些统计数据却不太鼓舞人心——3 000 个想要为市场带来新东西的创意只有一半能存活下来，其中又只有一小部分能够产生可观的销售额。我们的创意没有产生开疆扩土般的成长。

如果创意就是种子，农夫看到那些数字时就会放弃这些种子。

农夫学会了如何增加亩产量，所以似乎我们也能。耕种和创新有很多相似之处，比如人们都是种下一些东西，然后期望它们能好好成长并带来收成。事实上，认真看待那些在耕种实践中的创新可以为我们提供一个如何创新的模型。我们在四次耕种的大发展中看到了四个级别的创新成熟度。

> 成长发生在我们找到了合适的空间之时。捷径就是去找到那些空间。

耕种的进化给了我们一幅关于成长的图画。

创新成长的第一级：机会的耕种

就像大多数创新一样，耕种上的创新开始于一个拥挤的地方。人们最初是猎人和采摘者，而不是猎人和农夫！但当他们一窝蜂似地涌入那些拥有好水源的地方时，他们能够采摘到的东西越来越少，采摘变得越来越困难。结果呢？为了能从土地里获得更多的东西，人们开始了一个长达 12 000 年的创新旅程。

关于人类耕种最早的证据来自大约公元前 9 500 年中东的新月沃土（Fertile Cresent）。开始时很简单：人们收集植物的种子，把它们四处播撒，然后采摘长出的东西。这个方法叫做广播种植，种子被广泛播撒，总有一些会落地生根。有一些确实会，但很多没有。有些种子被撒在道路上，被踩碎或被鸟儿吃掉，有些落在杂草丛生的地方而被忽略，还有一些落在有很多岩石、土壤又很浅的地方，它们也无法存活。

听起来很相似？由创意主导的创新在最坏的情况下也很像广播种植——想出一堆创意，它们中的一些确实“落地”了，而且也转变为一些产品，但是人们最终发现，大多数创意落在了毫无机会的坚硬土地上，落在了充斥着竞争对手的地上，落在了只有很少需求的坚厚地面上。

这是一家企业成长方式的第一级成熟度。至少他们在尝试耕种一些东西！但是，这些产品的失败说明，我们需要更好地选出创意，否则它们就可能会变成小鸟的食物。

电子游戏行业就是这样的例子。有超过 90% 的电子游戏无法达到收支平衡。虽然总市场规模估计在 100 亿美元，机会确实是巨大的，但多数产品仅仅是模仿产品，它们都瞄准了那些萎缩或拥挤的细分市场。有几个大赢家，比如《超级玛丽兄弟》（*Super Mario Brothers*）和《最后一战》（*Halo*）。还有一些在利基市场中获得成功的企业，他们通过找到新的机会空间来创建小的特许经营品种。日本的史克威尔艾尼克斯公司（Square Enix）就是这样做的，他们与迪士尼互动工作室合作，创作了《王国之心》系列游戏。这个系列拥有七种跨平台的游戏，已经售出了 1 700 万份，同时这个系列还拥有特许商品、音乐、模型、小说和一个系列连环漫画。相反，大多数游戏不会有大赢家或是利基企业那样的好命运。统计数字显示，他们更可能最终成为像雅达利公司（Altari）一样，他们把超过 100 万份游戏扔进了垃圾堆。

创新成长的第二级：关注机会而不是创意

农夫们很快就发现，他们可以通过一个更加系统的方法来提高收成——按垄耕种。大约公元前 3000 年，在中国的某个地方，农夫在耕地时会耕出小的犁沟。多年来，人们研究出各种方法来分析和培育土壤，找到播种的合适深度和间距，以期获得更大的收成。

机会格局化的方法提供了一个更加系统的方法来播种创意，它让我们从广播种植进步到土壤分析和按垄耕种。通过仔细的评估，我们挑选出想要播种的新产品和服务，并且只专注于它们，这样就可以避免在那些无法给我们带来成长回报的地方浪费时间和精力。这就是一家企业成长方式的第二级成熟度——关注机会而不是创意！

但是，即使我们是在丰富的机会中播种一个创意，我们也可能得不到想要的收成。竞争对手会跟进，会向我们学习，并且用更加精良的产品来把握住更多的机会。所以选出在哪里播种还不够，我们必须想出更好的创意。

后来者 Facebook 和 Mint 通过更好的接口、对优势而不是产品特点的关注以及更贴近消费者需求打败了先行者 Myspace 和 Wesable。与之类似的是，后来者 Voodoo Tiki Tequila 通过完善他们的创意打败了老牌竞争对手——培恩公司（Patron）。培恩用百万级的投入来使人们相信应该花大价钱去购买那些传统意义上的廉价的派对饮品。而 Voodoo Tiki 却推出了一款更高端的手工吹制的玻璃瓶，用来挑战培恩那外观不够高端的酒瓶。当发现了能充分利用的好空间后，他们并非总是为了得到所有机会而煞费苦心地想出最有竞争力的创意和产品系列。

创新成长的第三级：嫁接机会的种子

农夫们发现，他们不应该是唯一需要辛苦工作的人——终日忙于整理土壤和仔细播种。很快，人们发现农作物也能够自己好好生长。公元前 2000 年，中国人发现，他们可以通过“嫁接”这种方法来改进农作物。嫁接就是把不同植物的优点拿过来合并在一起，比如把一种植物的上部插入另一种植物的根或是枝杆中，这样植物会更强壮，会有更好的果实、花和叶子，会带来更好的收成。

嫁接还在不断进化，一个新的嫁接形式出现了——在基因层面改变种子。基因改造就是结合不同生物体的基因创造出可以抵御害虫并且实现高产的种子。这种科学发展迅猛。孟山都公司开发出了一种新的商业模式。除了卖种子，他们还被特许经营他们拥有的种子基因，并要求农民支付权利金，允许公司分享农作物的收成回报。现在，被“制造”出来的种子自己也会努力地成长。它们是那样的珍贵，我们也绝不会像过去那样随便乱撒了。

我们需要让我们的创意发挥更大的作用。伟大的产品通常是由一双伟大的手、一种有创意的商业模式、一种新技术、一个新颖的设计以及一种聚焦细分的方法共同创造出来的。成功的秘诀就是去寻找那些将“零件”嫁接起来并形成创意的方法。

> 成长既不是来自农夫，也不是来自土地，而是来自种子。其他的一切都只是给种子提供了茁壮成长的机会。

在这个世界变得越来越虚拟、消费者选择越来越多的时代，Redbox 的红色光碟租赁机出现了，并且在美国占据了三分之一的市场份额。你每天只要花 1 美元就可以从超过 40 000 台租赁机中租到当下最流行的 DVD 或是游戏光碟。通过与大量的零售渠道合作——从麦当劳到沃尔格林（Walgreen）——他们设法让超过 60% 的人在 5 分钟之内就可以找到一台租赁机。可靠性驱动了忠诚度。区域管理员负责管理和维护那些设备，来自 IT 主干网的支持能够保证对设备进行时时监控，也保证了设备的正常运行。他们既实现了成长，又正在通过收购美国计算机服务公司（NCR）的租赁机品牌 Blockbuster 以及与威瑞森公司（Verison）的合作，尝试推出一种流媒体服务。

创新成长的第四级：培育机会的种子

尽管有这些进步，农夫们还是高兴不起来。天气永远都是让农民头疼的因素。能控制天气是每一个农夫以及出现在电影和漫画书中的疯狂科学家的白日梦。但那些能够帮助农夫的人却不是疯狂的科学家。

1792 年，罗伯特•托马斯（Robert Thomas）出版了《老农夫的年历》（*Old Farmer's Almanac*）一书，这本书是如此实用，以至于到今天它还在指导着农夫们，这也让它成为美国最老的不断再版的出版物。通过研究天文学、太阳的活动以及天气模式，托马斯创立了一种非常复杂而且神秘的预报方法，可是它给出的结果却异常准确。据传，这种方法仍然被藏在新罕布什尔某处的一个马口铁罐子里。

除了看《老农夫的年历》之外，农夫们还使用最新的技术来跟踪天气情况，更好地保护和耕种他们的庄稼。比如，利用气象卫星预测增加灌溉的次数，在霜冻时用烟熏罐为兰花取暖，以及当雨水威胁丰收时用直升飞机吹干果实。杂草和害虫被控制住了，庄稼也施了肥。耕种已经可以细化到每一株植物——温室可以让种子在一个受控的环境中发芽，并且一旦种子被播种下去，嫩芽就被仔细地分开，以保证它们有足够的空间以获得更多的空气、水和营养。

当然，我们也喜欢去控制我们发布产品的环境——用文化、法规、竞争回应以及公众舆论来帮助发布产品。但是，即便缺乏这个，我们也可以去影响那些影响者，通过观察趋势来决定发布的最好时机，并且产品一旦进入市场就能更好地支持我们的创新。我们可以在产品的婴儿期就开始培育它们，在一个封闭的环境下培养它们。为了能更加关注和分配更多的资源给那些有潜力的产品，我们要及时舍弃那些缺乏潜力的产品。

培育正是在非洲某地销售个人护理产品的企业所需要的。在这些地方，人们对这类产品的重要性缺乏理解。当市场准备好时，宝洁公司明显想成为这里的市场领导者之一。但同时，他们也处在创造市场的过程中。在一个引入了帮宝适、欧维丝和碧浪洗涤剂的项目中，他们发现一个更紧急的需求——清洁水。他们成立了一个非营利组织，把他们的 PUR 水净化产品带入肯尼亚。他们引入了一种商业模式，通过岗亭、商店甚至是厢式货车让妇女们挨家挨户地去卖净化水。这些妇女还会卖宝洁其他的产品。在与肯尼亚政府以及其他非营利组织的合作中，宝洁公司用物质激励吸引妇女去诊所做产前护理并生育婴儿。他们用这些努力来挽救生命、建立忠诚度，并且在那些本来不会接受他们的产品的地方销售他们的产品。

对机会进行精细耕种

把在播种、土壤、种子和成长条件方面所取得的进步结合起来就叫做精细耕种。它有效吗？回答是一声响亮的“有”。仅在过去的50年中，在全球范围内，粮食的亩产量就已经增长了300%。精细耕种拥有改变世界粮食生产方式的能力，它不仅仅是一种仅限于发达国家使用的高科技方法，同时它也在发展中国家播种下了成长机会。

精细耕种的节俭版本出现在印度。这个低技术版本不需要卫星和复杂的传感器，相反，它关注的是简单的程序和成本控制。在那里，大多数农民采用的是传统方法，比如撒播播种，这会浪费珍贵的种子；给种子浇水时，要么多了，要么少了；化肥和保护作物的化学品被过量使用，损害了土壤的生产率。节俭版本的精细耕种减少了投入成本——种子和化肥的费用。总部位于印度北部城市斋蒲尔（Jaipur）的 Jian Irrigation Systems 开发出了滴灌系统，这套系统既可以节省成本，又可以进行不损坏生态环境的耕种，那里的亩产量已经从8公担增加到35公担，提高了430%。精细耕种的兴起为印度带来了一场绿色革命，大大地增加了农民的财富。

我们也需要对机会进行精细耕种。机会格局化给我们一幅关于格局和成长条件本质的图画，所以我们知道在哪里耕种。现在，我们需要利用我们通过探索得来的洞察去更深入地思考关于耕种的创意。我们需要把那些能带来更多果实的创意嫁接起来。一旦我们“制作”出了这些特殊的种子，我们就需要仔细地培育它们，让它们存活下来并开花结果。

机会思维

☆要从一个机会中收获我们想要的，就需要我们像机会农夫那样成熟。

☆机会的精细耕种包括：

- 机会格局化；
- 选出在哪里播种；
- 把合适的产品和服务嫁接在一起；
- 培育成长的条件。

第 14 章　寻找黄金创意的机会

想想从前最伟大的一个创意。

很难选吧？

虽然我们每个人都有自己喜欢的东西，但很多人都同意巧克力一定要出现在这个名单上！但如果你在荷南•科尔蒂斯（Hernan Cortes）第一次无意中发现并品尝了它，你也许就不会这样想了。当时，它是给阿芝特克统治者饮用的一种苦味的多泡饮料，还要放一些辣椒才行。它刚被带到西班牙时并没有产生什么热烈的反响，直到有人开始把它与糖以及例如肉豆寇之类的香料混在一起，它才大受欢迎，以至于西班牙人把它当成秘密保守了近 100 年。它使法国人为之狂热，将它用在糖果中并被当成催情药物。在伦敦，巧克力屋突然出现，你可以在里面与朋友一起喝东西。荷兰人发现了压榨可可油的方法，创造出一种更美味的饮料。英国人又把可可油加进去，在 1830 年制成了世界上第一支巧克力棒。通过多年实验，瑞士人最终找到了把奶粉加入其中并制成牛奶巧克力的方法。

今天，我们可以买到各种含有巧克力成分的东西，比如巧克力棒、饮料、早餐麦片，甚至香水。要了解来自世界各地的种类，你可以到日本的大阪京桥（Kyobashi）百分百巧克力咖啡馆（100% Chocolate Cafe），在那里你可以品尝到 56 种；或者去英国旅行，品尝一下 3D 技术打印出来的巧克力，并且制作出属于你自己的美味。

巧克力是一系列创新结合在一起的成果。最初的创意是得到这种伟大的原料，但这本身不能算是一个黄金创意。它和多数黄金创意一样，它们喜欢有同伴。它们需要被其他创意包围，以显露它们最亮的光芒。

黄金创意是许多创意的集合体，它们共同创造出一些全新的、强大的、能够获得更多成果的东西。

机会格局化的目的不是产生一个格局，而是产生一个带来成长的黄金创意。机会格局化不是直接想出创意，而是给我们提供创造出可以实现所有创意所需要的线索。

嫁接创意

通过嫁接形成一个真正适合机会的创意并且大规模地实现它似乎让人望而却步，但是我们有很多洞察需要这样来做。通过塑造机会，我们了解到其中有很多可以获得良好成长的创意。我们了解了合适它的技术、价格点和品牌定位的要点，不知道如何调整它们中的每一个以及如何与不同的创意结合去产生一个超级品种。毕竟，这其中有成百上千种不同的可能性。

想象一下，每一个创意都像是空间中的一个点。如果你回忆一下数学课，你会记得一个点是被它的坐标（x，y，z）所定义，而空间是被 x、y 和 z 三个坐标轴定义的。同样，一种产品或服务也是被沿着机会空间的建立的坐标轴定义的——一个特定的品牌、一种特殊的技术和商业模式以及目标市场等。这些坐标轴就是那六大源泉及其机会维度。当对机会进行格局化时，机会绘图法就定义了机会空间在每一个维度上的边界，告诉我们哪些机会在里面、哪些在外面。但即使有了这些边界，空间中仍然有很多的点，有很多种产品和服务的组合，我们还不清楚哪个是最好的。

植物学家为了得到一种更好的植物而进行嫁接时也面临着一个相似的挑战——多种组合的可能性。这种植物是植物学家想要的各种各样的特征的组合体——从果实的大小到质量、从疾病到抗旱性、从根到茎的硬度。他们首先通过理解环境的需求来缩小合适的组合范围，接着他们会寻找最好中的最好，挑出那些在每一个维度都不错的植物，最后他们研究这些组合，确定那些要放在一起的元素，以“创造”出一种能有更大收成的植物。

我们用相似的方式来创造超级创意。我们从运用机会格局化来了解环境需要什么以及环境会回报什么开始。接下来，我们从每一个单独的部分着手，在每一个源泉中开发出优中最优的创意。最后，我们研究哪些创意的组合可以互补。

商业领袖们有时会说：“我不需要更多的创意——我需要更好的创意！”领袖们想要各种不同的创意，这些创意要有活力并且充满成长潜力——它们不是一维的，而是多维的。它们是好创意、黄金创意，是那些被设计成能反映机会本质的创意以及那些能形成有兼容性、有吸引力的产品的创意的组合，在这个组合中，整体大于单个部分加起来的总和。

单个创意可能针对的是未被满足的需求，但是黄金创意会抓住机会。黄金创意之所以为“好”是有很多原因的，比如它们是持久的，可以把竞争对手限在局外，或者可以实现巨大的销售额。也许一个真正的黄金创意是用一个更丰富的品牌定位瞄准更大的市场或者在技术上建立新标准的一种产品或者服务。这样的产品或服务是空间中的宏点，也是树立市场领导地位的重心。其他时候，黄金创意也许是很多产品或服务的集群——一条有多种产品的产品线，每一个产品都抓住了空间的一个不同部分。真正的黄金创意常常是以上所有东西的总和。

气泡水机（Sodastream）就是一个黄金创意。它是一种台式设备，消费者可以用它来自制碳酸饮料。操作过程十分简便：加入自来水，选择你要的口味，机器就会为你做出一杯碳酸饮料。可选择的糖浆包括从可乐到能量饮料、从水果到茶。这家公司和其他公司（比

> 机会的六大源泉也是黄金创意的六大源泉。

如卡夫公司）合作，一起为人们提供他们喜爱的饮料，包括 Crystal Lite 和乡村时光柠檬汁。当储存的二氧化碳用完后，消费者可以在配送中心或是杂货店购买，这样做不仅为消费者节省了金钱和柜子里的空间，还减轻了包装对环境的影响。它的受关注程度足以让它在 40 多个国家的市场中站住脚。通过收购意大利的 CEM 工业科学研究实验室（CEM industries srl），他们进入了食品服务渠道。正是这样一个黄金创意将商业模式、品牌、技术、市场和可持续盈利联系在了一起。

不幸的是，这种来自六大源泉的创意不会自己出现。这与我们的想象如何起作用以及我们开发创意的程序如何起作用无关。出现在我们大脑中的创意常常只符合一个源泉。它也许最是个极好的创意，但接下来将要发生的就会出现问题了。如果一个创意在组织内部得到了共鸣，它就会被加入某个开发程序，在那里它最终被传递给下一个功能部门。不幸的是，创意的很多亮点都会在这个过程中被丢掉。为了满足价格，设计被降低了标准，品牌信息没能传递技术的价值，或者一种新的商业模式使用老方法来推出，这会使创意达不到预想效果。结果，出来的产品就像是一条由碎布拼凑而成的旧被子，而不是一件制作精良的艺术品。得到一个黄金创意不仅需要努力思考，还要求我们学会将那些真正与众不同的创意嫁接起来的艺术。

机会风暴

机会格局化让我们有很多工作要做，但是工作方式将会与我们一直在用的有很大的不同。目前，产生创意的方法虽然在激励创造性方面还算有效，但却无法从机会中系统地产生创意。典型的就是我们会从一个单一的起点来启动创造性能量——一个大的洞察、一个大趋势、一个目标市场或者一种大需求。这个起点就像是将一块鹅卵石扔进水里，环形的水波纹从中心向外荡漾。接着，我们会进一步延伸去产生新创意，随着我们越向前走，创造性的涟漪就会变得越小。我们永远不知道自己是否已经到达了能够到达的最远之处。我们无法得知自己是否已经探索了整个池塘，或者我们是否还有空间去延伸。

如果我们有一幅池塘的地图，并且可以从中挑选一处，而不是将一块鹅卵石扔到一个点上，那又会怎么样呢？机会绘图法就是要绘制这样一幅地图。它让我们可以去组合维度上的点，从而可以选择池塘的任意一处。当我们研究不同的组合时，我们就找到了一种实现机会的新方法。尽管创造方法有很大价值——从横向思维到德博诺（de Bono）的六顶思考帽，可我们最终还是要用机会来定义和丰富我们能够做的事情以及我们应该做的事情。

机会发现器变成了创意的定义者。

机会风暴是一种用机会驱动产生创意的方法，它让我们能够横跨机会的整个空间来产生创意。机会的维度揭示出在这个机会中我们所忽略的部分，它让我们能够探索整个空间，延伸到我们认为是不可能的地方，甚至沿着维度航行驶出那些已经被过度捕捞的区域。

一种新的古龙香水

试想，我们要为高端古龙香水设想出一个机会空间，因为我们要追求更高的利润率。我们很自然地就会想到要去开发一款以著名设计师的名字为品牌名的产品，将稍微年长一些并且有更多可支配收入的消费者作为目标市场，这就让这款产品有了一个排他渠道和一个昂贵的包装。但是，这真的只是空间中的一个点，而且是很拥挤的一个点。这就像是将一块鹅卵石扔到了池塘中一个熟悉的地方。但是，如果我们着眼于空间的下层维度，并且延伸到另一端去探索新的可操作空间，那又会怎么样呢？

如果我们打造一个新品牌，它将目标人群设定为那些只有很少可支配收入的年轻人，并使用大众零售渠道和廉价包装，那又会怎么样呢？这听起来像是在错误的地方捕鱼，但对联合利华来说却不是。联合利华创立了艾科（Axe）这个品牌。这个品牌瞄准了年轻男性，用男性气质作为品牌定位，为产品设计了廉价包装和充满青春期幻想的广告，并且通过大众零售渠道来销售，这为联合利华带来了很高的利润率和市场渗透率。

> 定义机会为我们的创意建造了一个蜂巢。它阻止我们的创意闹哄哄地东奔西忙，帮助它们去做一些有用和有目标的事情。创意无法预测，有些能够为我们带来甜蜜的回报，有些则会刺痛我们。

机会风暴通过指引我们去探索维度中那些点的不寻常组合，帮助我们到达了那些不明显的和反直觉的地方。当然，不是所有的创意都能成功。我们不知道某些组合是否会真正地携手共进，或者本来就是一个错误的匹配。比如，一个具有设计师品牌、高价格、昂贵材料和零售渠道的产品就能成功吗？也许不能。这就是机会发现器介入的地方。这些趋势和洞察指导我们去了解生态系统和市场现在和未来在做什么、它们喜欢什么，以及如何去获得新利益。

乍看起来，让创意去适应机会也许很受限制，好像有点冷漠、理论化甚至公式化。但正好相反，机会格局化比其他选择能带给我们更大的自由度。当创意是被一种对空间的深刻理解所激发的时候，机会就会刺激而不是压制想象力。它允许我们在机会的空间里航行，流畅地沿着那些维度移动。它以种子趋势和丰富的洞察这两种形式为我们提供思考的素材。与那些各自为政的创造力不同，以机会作为指导的创造力更有可能为我们带来回报，因为它与组织已经在执行的战略联系在了一起。如果与机会共事，那些有创造力的天才就会有更大的概率得到公平的回报，他们会看到自己的发明和设计在市场中受到喜爱和赞美。

零件上的光芒

一个黄金创意不仅仅存在于机会中，它还是多个强黄金创意的集合体——就像是一枚完美切割的钻石，它的每一面都能够为它增加光芒。如果你想生产出一件完美的产品，你必须让所有零件都发光。那么这些零件上的光芒从哪里来呢？

伟大的想法并不是来自“点子上帝”！

具有颠覆性的想法往往出现在团队中——头脑风暴是发现黄金创意的关键。但是，那些跨职能部门的会议却不是产生黄金创意的地方。伟大的创意始于创造力的根源——个人的创造能力。

在创新中，质量和数量都很重要。我们有越多的创意，就越有可能获得一个好创意。但与头脑风暴的方法相反，研究表明，最快的缩减创意数量的方法就是让团队中的每个人都参与，人越多，每个人产生的创意就越少，这就意味着团队在一起进行创意事实上会抑制最初创意的质量，这是我们几乎无法接受的浪费。很多原因会造成团队出现问题，比如社会规范、一种自然趋同的倾向等，当我们应该思考如何解决问题的时候，我们却在考虑接下来说什么。问题还在于团队会为自己膨胀的成功感而沾沾自喜，相信创意的质量比实际的要好，轻易地对彼此的工作表示满意，从而太早就结束了工作。所有这些顺理成章的倾向都意味着我们并没有产生更多和质量更好的创意。

> “找到了！”不是说说而已，而是需要思考——用新的方法思考并且反复思考。

机会绘图法使我们需要的数量和分歧形成了有质量的创意，我们可以用这些创意形成好创意和黄金创意。它涉及组织的方方面面，为所有职能部门的成员提供了可以使用的工具箱，使他们能够沿着维度延伸思维，挑战洞察，面对影响趋势。这个工具箱允许人们自己去进行机会风暴，从而产生尽可能多的创意。当每一个职能部门都能在其专业领域发挥他们的创造性时，创意数量自然就多了，而且创意的多样性和质量也会有提高。

这个方法与很多人理解的创造力是有矛盾的。他们将构思能力视为创意工作的范畴：设计师、发明家、创意公司。这种观点的问题在于创造性是人的特征，而不是职业的特征。组织中的每个人都可以在其领域中发挥创造性。发掘个人的想象力，鼓励他们在机会丰富的空间中发挥他们的创造性并且拓展他们的思路，是我们使黄金创意光彩熠熠的最好方法。

得到一个黄金创意的最好方法就是要有很多创意，并且知道哪些创意要被丢掉。

一旦各个职能部门的成员拥有了在其专业领域产生创意的工具，那就到了他们可以与组织中其他成员协同工作的时候了。随着接触新思路，他们会觉得自己既被挑战又被依赖，所以创意也会越来越丰富。

有时，创造力是通过用其他职能部门的眼光来看问题而被激发的。

Wrangler 的营销团队想要为消费者提供一个全新的并且高度差异化的理由来信任他们的牛仔裤。Wrangler 的牛仔裤因为舒适而备受欢迎，但是他们需要超越那些将他们与美式足球运动、狗以及卡车关联在一起的老故事。在与研发部门进行了沟通后，他们找到了 Wrangler 牛仔裤与竞争对手的物理差异：他们的牛仔裤被设计成 U 形而不是 V 形，两条裤腿是并在一起的。问题在于没有消费者注意到这一点。所以，他们针对 25 岁以上的男性这个目标市场，特别是蓝领工人这个细分市场用视觉化方法讲述了这个事实。这些人很惊讶，也很高兴地了解到 Wrangler 牛仔裤如此贴身的原因。随后，Wrangler 推出了一个有效的商业创新平台，用来推介他们的产品的这个特点。

当我们向外看时，灵感就来了。

Sherwin Williams 是一家跨国涂料公司，他们接受了一项环境挑战，并因为他们在研发上所做的努力而获得了业界的赞美。他们的一款新型涂料产品赢得了“总统绿色化学挑战奖”，同时也得到了白宫的认可。这种涂料含有一种他们自己开发的树脂，这种树脂使用大豆油和回收塑料瓶制造，可以减少挥发性有机物（Volatile Organic Compounds，VOCs），这种有机物会在涂料变干的过程中污染空气。他们一年使用了 320 000 磅大豆油和 25 000 磅 PET，减少了 800 000 磅 VOCs，而且少用了 1 000 桶石油。

精彩的创意出现在各个源泉的交叉点。

每一对源泉都有一些共同点。品牌表达和技术都可以使新设计成为可能，这就是一个很好的例子。摩森康胜啤酒酿造公司（Molson Coors）就是利用这个协同效应为康胜银子弹（Coors Light）这一品牌设计出了吸引眼球的啤酒瓶和啤酒罐。一个已经因冰凉爽口而著称的品牌创新性地推出了冻能感应包装。当啤酒瓶和啤酒罐处于合适的温度时，商标上的落基山就会变蓝。他们使用了一种特殊的无色染料来实现这种功能，这种染料常温时是无色的，当温度降低时就会变色。

> 毫无疑问，创造力是人类所有能力中最重要的一个。没有创造力，就不会有进步，我们会永远在原地踏步。
>
> ——爱德华·德博诺（Edward de Bono），水平思考法的提出者

有时，一个黄金创意就是一系列精彩的创意一起产生的大影响，其中的每一个创意又需要专业知识和努力来实现。

百事可乐因为在用水上的成就获得了全球范围内的赞誉，他们通过新的组织程序、技术、生态系统中的合作关系和商业模式取得了这个成就。百事可乐的产品——包括百事品牌的碳酸软饮料、菲多利的零食、纯果乐的果汁饮料、佳格燕麦片、佳得乐和阿夸菲纳瓶装水——都需要大量的水来生产。通过协力合作，在 6 年的时间里，公司在全球范围内的用水效率提高了 20%。他们正在实施基于网页工具“i-crop”的精耕细作方法，并且已经在印度实现了增加收益和减少用水消耗的目标。他们还在一家菲多利工厂取得了零耗水的成绩。在这个工厂中，75% 的水会被循环使用，并且不排出任何废水。除了生产制造，他们正在通过他们的百事基金会为 100 万人提供安全的饮用水。他们已经节约了 1 600 万升的水，节省了多达 4 500 万美元的用水成本和能源成本。

> 个体，比如一位发明家可以有一个黄金创意，一个创意可以成为一颗冉冉升起的新星，但前提条件是有一个由其他创意组成的好的辅助群体。

当人们被某一个伟大的愿景所激励时，他们将会产生更大、更好的创意。这个势头会不断增强。

新兴的才华

让我们来研究一下个体的才华以及他的洞察是如何成为一个貌似很大的创意的起始点。随着发展中国家人均收入的增加，人们开始用汽车来替代自行车出行。在这个过程中，由于汽车和自行车在同一路面上抢道，交通事故剧增，很多人因此大腿严重骨折。由于移植体费用过高以及缺乏受过培训的外科医生，很多人都留下了终身残疾。

卢·泽克尔（Lew Zirkle）医生在一次亚洲使命之旅中意识到了这个问题，于是他发明了一种新的移植体，成本只有那些用在发达国家的移植体的千分之一。这种移植体可以完美地与骨头对接，即便是在没有实时 X 光甚至是没有电的条件下。但是，他没有就此止步。因为缺乏受过培训的外科医生，他没有尝试直接去售卖这种移植体，而是进一步发展了以下这个创意。他开发了一个程序，可以在很短的时间内就把骨头接好，更重要的是还不需要很多培训。他为当地的医生创建了一个培训组织，并且让这种移植体保持较低的成本。然后，他创立了一个非营利组织——骨折外科手术植入物生产网络组织（the Surgical Implant Generation Network Fracture Organization，SIGN）——来为培训和移植提供资助。截至目前，来自 55 个国家的超过 2 000 名医生已经治疗了超过 100 000 名患者，这些患者不单单是因车祸受伤的，还有因武力冲突和自然灾害受伤的。SIGN 的工作成绩斐然，现在所有接受过治疗的患者都可以走路了。

发明家的成功源于他们将自己的创意与其他源泉进行了连接、延伸和支持。过去，发明家会受到不公正的批评，他们被视为躲在实验室和车库里而无法将虚拟发明转化成商业化创新的人。

> 个体发明家对我们的成功起到了关键作用。

虽然发明家可能确实缺乏将自己的创意发展到下一阶段的能力，但是他们所起到的作用还是决定性的。如果我们强迫这些有创造力而且常常寡言少语的天才们加入团队的头脑风暴，就可能会让他们的才华枯竭，积极性受挫。稍微给他们一些培养并使用一些新方法，我们就可以同时在两方面得到最好的结果。我们可以通过确保发明家的创意会被分享给那些能够将这些创意打造成黄金创意的人们，来利用发明家们的洞察和灵感。

创造力倍增

一旦我们在自己身上和职能部门内部挖掘到创造力之泉，我们就能够通过探索进一步扩展。在这个通往巨大成长的旅程中，我们也许扮演着机会农夫或者矿工的角色，但是我们在本质上还应该是探险家。毕竟，探险家和那些跟随他们的人不仅发现了新大陆，还发现了做事情的新方法。

1642年，托马斯·梅休（Thomas Mayhew）定居在了马萨诸塞州玛莎葡萄庄园，他主张印第安人拥有对土地的权力。这个信念和他对印第安人的开放态度为他带来了丰富的机会。万帕诺亚格印第安人发明了种植三种主要农作物——玉米、豆子和南瓜的复杂方法。当玉米秆生长时，豆子可以绕在秆上向上生长，而南瓜可以作为地被植物围着玉米和豆子生长，保护地面不被太阳灼晒而保持水分，还可以减少野草的生长。这种方法非常有效，直到现在，一些有机农场和混合种植农作物的农民还在使用这个方法，即利用生物多样化来保持土壤的营养，减少对化学制品的需求。

机会格局化为我们打开了机会的世界，包括这个拥有众多富有洞察力的人的机会生态系统。那些帮助我们发现机会的人现在可以帮助我们创造出黄金创意。产生伟大的创意不仅与创造力有关，还与持续性的探索有关。

在这一点上，开放的机会探索为我们的开放式创新活动提供了“养料”。

在六大源泉上进行开放式创新

开放式创新可以激发所有 6 种职能的创意。在经济衰退时期，高端时装店也受到了影响，古琦和安•泰勒将他们空置的零售店面租给了那些崭露头角的新锐设计师们。他们为这些设计师提供了一个接近庞大顾客群的机会，也为这些顾客提供了一种崭新的店内体验，他们在一个萧条时期使时尚界重新焕发了活力。

通用磨坊公司与西莉亚疾病基金会（Celia Disease Foundation）合作，带领医生和科学家为患有这种疾病的患者开发出专属食品。西莉亚疾病是一种自身免疫障碍，当患者进食含有谷蛋白的食物（比如小麦、黑麦和大麦）时，其中的蛋白质就会损伤他们的小肠。虽然这种疾病的患病率只有 1% 左右，但患者的整个家庭都只能食用不含谷蛋白的食品，人们担心缺乏谷蛋白会对健康产生不良影响。通用磨坊为这个难以找到小麦食品替代物的细分市场开发了一些新产品。他们重新设计了配方，生产出了第一款无谷蛋白的产品——贝蒂克罗克牌（Betty Crocker）的饼干、蛋糕以及布朗尼。他们开办了 GlutenFreely.com 网站，销售大量的食品，他们现在有 300 多种标注无谷蛋白的产品。这是一个黄金创意，并且在其他人的帮助下，这个创意正在变得更大。

当我们与生态系统合作创造时，潜在的影响力就没有边界。创意会随着六大源泉的开放性而变得更大。

伊士曼化学公司（Eastman Chemical）是从柯达公司拆分出来的，它生产多种塑料和化学品，其中有一种传统的旧材料叫做纤维素酯，它是相机胶卷的原料，是一种由木头制造的塑料。当相机胶卷的销量出现下滑时，伊士曼面临着一个挑战——如何生产出新的产品，并发掘出新的应用。他们来到生态系统中，并且与科学家、工程师、设计师、大学生以及消费品企业交谈。

这种合作产生了很多新的应用，但是到目前为止，最有趣的东西来自他们与设计师的交流中。设计师发现了一种很大的未满足的需求，但不是需要一种新材料，而是要更好地理解伊士曼目前产品组合里的材料。设计师影响着消费品企业在各种产品材料上的选择，但他们通常缺乏理解新材料特性的科学背景，所以他们往往就一直使用他们在学校时就开始使用的材料。通过与设计师合作，伊士曼开发了新的实体沟通工具，设计师可以感受和触摸到新材料，并且材料的特性也会被展示出来。伊士曼进一步发展了一个设计师网络，通过设计论坛和网站让设计师参与进来，并引导他们互相交流关于材料的问题。这拓展了设计师的眼界，他们甚至发现了更多的新的应用。例如，一家公司就发现，以木头为原材料制作的塑料有十分有趣的音响特征，他们就造出了一款获奖的吉他，伊士曼也因此出现在《商业周刊》的封面上。

更大的成功在于，伊士曼确立了以设计为中心的原则，这使他们能够与那些原本在价值链上与其有数步之遥的消费品企业直接合作。这个战略让伊士曼创新实验室获得了顶级工业大奖，并且成为材料市场的黄金标准。它在伊士曼内部创造出了一种动力，既影响了它的创新型文化，又改善了它的盈利状况。

酝酿更大的创意

找到了创意的宝库，我们现在来研究一下如何将它们组合在一起以创造出成功的产品或服务。毕竟，消费者购买的是整个产品，而不是某些部分。他们不会去购买一个与产品不符的品牌、一个与价格背离的产品，或者从一家企业买包装、从另一家企业买内容。产品是消费者装进他们的购物袋买回家的东西。产品是创建于六大源泉基础之上的，即便它们不是用这种方式造出来的！我们需要形成黄金创意，其中所有

> 开放式创新召唤着每一个职能部门、每个人去变得更加开放。

的部分都在讲述同一个故事，都有一个相同的价值主张。

真正的黄金创意是那些各部分不只是简单地罗列在一起的创意，而是创意彼此互动去产生一些新的东西。产生黄金创意不是一个把各个部分简单汇集起来就能设计出产品的过程，相反，它更像是一个酿酒过程——各种最好的原料在一定的温度条件下、在一段时间内互相反应，酿制出口感完美的啤酒。一个黄金创意的酝酿过程允许细微差别、影响和特点随着原料的互相反应得以发展。

当我们与自己进行互动时，我们就可以在一个产品的组成部分之间驱动互动。有谁比那些来自六个职能部门的人更能很好地在六大源泉中看见和建立关系呢？跨职能本身就会把拥有不同技能、经验、观点、责任和资源的人集合在一起。虽然我们有时需要自己独立工作，但现在是时候将大家聚在一起，创造出比我们独自能够创造出的东西更大的东西了。我们可以在队伍中加入一些来自外部生态系统的成员，帮助完成这个过程，并且给这些新出现的创意做一个嗅觉测试，让一些消费者很快给出反馈。这样，你就有了世界上最好的东西来酝酿和测试你的黄金创意。我们不仅生产创意，我们还要学会舍弃创意！舍弃那些在我们所选择的机会之外的创意，舍弃那些达不到预期效果的创意。舍弃一个原本就很差的创意，可以让我们创造出黄金创意，这样的创意将会创造出大收益。

> 创意不会来自巴布工程师，
> 而是来自酿酒师巴布！

The North Face 通过一个名为快速酿制的程序做到了。他们与一家拥有一种新纤维材料的技术企业联手，组成了一个来自两家企业的跨职能团队。他们让设计师、创新专家、广告代理商、体育专栏编辑、著名登山家、博客作家都参与其中，所有人一起仔细审视一个关于新运动服装产品线的创意的每一个部分——服装、品牌、价格、市场进入计划以及品牌定位。他们在其竞技体育界的早期使用者中测试所有元素，以找到最强大的那一个。然后，他们将这些信息碎片拼到一起成为创意，并且在一个新的运动员队伍中测试多维度产品。结果，他们成功地推出了一系列使用 FlashDry 技术制作的服装。FlashDry 是一种创新的纤维材料，它通过多层布料来快速吸湿排汗，从而让运动员可以在户外更长时间地保持活跃状态。这种方法将开放式创新转化成一种市场成功。

培育黄金创意的过程

我们用机会格局化来选择出合适的土壤。我们用机会风暴来设计出适合机会的创意，并且通过跨职能的流程将它们嫁接在一起。但是我们还是缺乏一个精细耕种的元素，那就是培育。即便是黄金创意也需要一点儿额外的爱和关注。

新的创意可以用培育新物种的方法来培育。这要花很长时间在培养皿里做测试和调整，然后放到温室里，最终再放到田地中。

当我们既挖掘出了个人的最佳潜能，又挖掘出了团队的最佳潜能时，黄金创意就出现了。

我们用与过去不同的方法来测试这些精心设计出的珍贵创意。大多数创意都只是进行了局部测试，而没有作整体测试。食品企业进行的品尝测试与品牌概念的在线测试完全是独立进行的。工业品企业在顾客中调查产品的特点，却没有将产品放在整个产品和服务的大环境中测试。向人们呈现整个产品而不是单独的某个部分是获得市场反馈的关键因素。

创意越大，测试就越要细致！

测试黄金创意可以用以下方式开始：在员工内部进行一次迷你发布；针对一个顾客进行一次基础测试；或者在一个封闭环境中（比如大学校园或某个城市）进行小型市场测试。这些测试既能用来说服组织这其中是有潜力的，又能用来收集所需要的反馈。

M&M's 公司的一个团队产生了这样一个创意：在特殊场合，把消费者的名字或者留言印制在糖果上。但他们也有一些担忧，他们担心这个市场太小了。他们的第一次尝试是在公司内部为一个特殊事件印制糖果。在这个过程中，他们发明了一种用喷墨打印机来打印糖果的方法，将生产准备成本降为零。为了测试价格与订购敏感度的关系，他们向员工推出了个性化留言服务。仅仅 4 个小时，他们就获得了足够让整个团队忙活一个月的订单量。于是，这个团队把价格提高了一倍并再次发布在网站上，结果 2 个小时就又销售一空。尽管有了需求，公司内部还是有顾虑，怀疑这是否是一个可持续的项目。他们委托第三方进行了一次消费者调查，调查发现消费者竟然有更大的需求，于是他们再一次提高了价格，并且降低了起订量。

我们要为了选择去创新，而不只是为了使用！

尽管有来自公司的内部阻力，这项名为“我的 M&M's”的业务最终还是被推向市场。他们又加入了新的元素，比如在糖果上打印 JPEG 格式的图像。从用脚趾试试水到完全跳入水中，培育这个创意最终让这个被认为是高风险的创意成为了现实，并且为企业带来了更高的利润率。

当播种机会时，我们必须挑出那些将会产生大收益的创意，所以我们也必须要准备好去放弃其他创意。没有组织会拥有无限的成长资金。我们不可避免地要做一些艰难的选择，挑出哪些创意要被放弃，哪些要被留下。就像蔬菜一样，要将嫩苗种得稀疏一些，以便留下空间让最强壮的嫩苗成长。清理产品组合会让我们将更多的资源和注意力集中在更好的产品或服务上。

培育嫩苗还需要管理环境。黄金创意是那些有拥护者的创意。生态系统会最终认可或是否认我们的努力。所以，让这些拥护者尽早加入我们这一边吧。当他们与我们一起酝酿黄金创意时，他们才更有可能会祝福我们。

有时，说服外部生态系统来支持我们会比从组织内部得到相同的支持更加容易。我们的同事可能会成为比市场还要大的干扰项。我们可以通过跨职能协作来解决这个问题。通过跨职能协作的方式获得的创意更有可能得到广泛的支持，并且更有可能尽早地消除组织的顾虑。

> 当你的犁是一支铅笔并且你距离玉米地千里之外时，耕作看起来是非常简单的。

但是要当心，即使这些创意真的很好，也还是会有一些准备苦战到底的反对者。我们不应害怕冲突，相反，我们要主动面对它，将它当成一种我们正走在正确路径上的信号。如果这个创意是安全的，我们就不会有反对者了。人们对黄金创意的观点会两极分化，因为它不同于我们过去所做的事情，这也正是我们在追寻大成长时所想要得到的。

培育的最后一个要素是时机。当发展创意时，我们不应该忘记机会来自变化，所以它也在不断地变化。农民有一个种植庄稼的关键时间，他们要等待最后一场霜冻却不能延迟太久。有些创意在市场的土壤和更广泛的生态系统准备好之前就被过早地种植下去了，相反，有些创意的推出时间又太晚了。不管是害怕失败或是周旋于职场政治之中，我们面临着不做决断或者延迟行动的风险，这时机会就从身边溜走了。

机会思维

- ☆ 从机会中得来的创意是更好的创意，它们“杀死”了那些不合适的创意，并且成为市场上的黄金创意。
- ☆ 机会的六大源泉也是黄金创意的六大源泉。
- ☆ 将黄金创意结合在一起既需要个体的聪明才智，也需要组织的集体智慧。
- ☆ 机会发现器是创意定义者，它为创造力提供了指导和启发。

第 15 章　发掘核心机会的价值

当西班牙人为了黄金和白银南下时，法国人却北上寻找海狸。他们对这种毛茸茸的动物的热情源自时装——它的毛皮可以用来制成帽子。海狸变得越来越少，而且远在俄罗斯。法国人在欧洲有了一个开放的市场，在那里，人口的增长意味着有更多的人需要时尚的帽子。海狸生意让法国人的足迹出现在更远和更广的地方。他们沿着圣劳伦斯河北上，通过五大湖，顺着哈德逊河，最终沿着密西西比河顺流而下到达墨西哥湾。他们与印第安人以及后来的休伦和渥太华建立的紧密关系拓展了他们的机会。他们与这些印第安人结庐而居，学习他们的风俗和语言，并且在工作中合作，他们一起探险、诱捕猎物和旅行。除了从这些毛皮中获得可观的收入外，他们对海狸的诱捕行动促成了北美洲最大的一次探险活动。

> 发掘意味着我们要充分地利用发现和投资的机会。它也意味着要去攫取每一滴价值。

法国人通过以下行动几乎让海狸灭绝：实施了一系列的商业和市场构建行动，包括在今天的魁北克建立了交易中心；与各个土著民族建立起长期而且持久的关系；学会了征服严寒困苦的冬天；不断地在大陆上寻找海狸的聚居地。

发掘机会需要勤劳和毅力，机会耕种也应该给机会发掘让路，这样发掘者会挖得更深。为了进入新的市场，他们会加固内部结构、重振品牌、增加产品品种、拓展渠道，并且降低成本。

加拿大的巴里克黄金公司（Barrick Gold Corporation）围绕着如何得到他们土地里的每一盎司黄金建立了一种商业模式。现在，“不是总有大块的天然金块在那里等你”这句话听起来已经不足为奇了。这些黄金是以原子大小的微粒的形式存在着的，用显微镜才能看到。它们存在于不同种类的石头中，需要全新的方法将他们提炼出来。巴里克公司发明了很多种发现并提取它们的新技术。想象一下，20 世纪 80 年代，一家小公司购买了内华达州的高德斯塔克的一块土地，据估计，有 60 万盎司黄金深埋在这块土地里。这听起来很有前途，但要得到它却是非常艰难的。但是巴里克公司却没有止步于此。他们利用科学、技术以及与供应商的合作发掘出了 4 000 万盎司黄金，并且他们现在能够确定那里还有 1 200 万盎司。地表附近的黄金要用简单的化学溶液来处理，更深的矿石需要用高温烘烤将黄金提取出来。来自高德斯塔克稳定的现金流让巴里克公司去收购其他公司和土地，并采用同样的方法从这些土地中获得最多的利润。目前，他们是世界黄金制造行业的老大。在取得这些成绩的同时，他们的可持续发展也得到了认可。他们登上了道琼斯可持续发展指数（Dow Jones Sustainability Word Index），并且是全球可持续发展前 100 家企业中的一员。

发掘黄金和发掘机会并没有什么太大的区别。表面上的价值——那些显而易见且容易估算的价值——是很容易获得的。早期发掘者通常是在这些显而易见的市场中活动，但要得到那些更深层次的价值，我们必须要有提取价值的新方法。我们不得不在其他源泉上进行创新：我们要有新的分销渠道、产品特色、设计、商业模式，并且需要代言人去说服后来的发掘者。我们需要寻找更有想象力的方法从一个细分市场跳到另一个，或者增加特色来创造出全新的价值主张。所有这些的核心是机会发掘需要有创造力、新的洞察和好的创意，就像机会耕种一样。

正如发掘黄金一样，我们需要提前思考如何可持续地发掘我们的市场。

可持续地发掘

可持续地发掘实践并不是一件自相矛盾的事情！顶级的矿业企业，比如巴里克公司，会在项目开始时就制订出了土地再利用计划——这被制定成战略，以最大可能地减少对环境的干扰、对土地的侵蚀以及对水源的污染。再利用的目标就是快速地将那些被发掘的土地恢复到有用的程度。典型的创新榜样有佛罗里达的磷酸盐矿被建造成高尔夫球场；加州的土地被迅速恢复成为农场，农场里种植着干草、西红柿、葡萄和草莓等作物。

我们也需要找到可持续地发掘机会的方法。在机会发掘中采用可持续的实践意味着我们不会通过侵蚀来破坏这个机会。当我们用低劣的质量、危险的产品、不道德的雇佣行为以及虚假的可持续发展声明毁掉了人们的信任，并且破坏了我们的品牌价值时，对机会的侵蚀就发生了。忽略创新并让我们的产品大宗商品化侵蚀了我们的利润率。当无法保守我们的商业机密或者无法留住人才时，我们那些来自专业技能的竞争优势就被侵蚀了。如果不依赖可持续的实践，我们就会侵蚀自然资源。机会发掘需要创造性的方法来延续价值，并使市场处于健康状态，来让它在合适的时间向机会耕种开放。

英国石油公司（BP）就是由于刷绿而侵蚀了信任。在它的一个名为“超越石油”的项目中，这家企业宣称正在通过加大使用可再生能源而使自己的产品组合多样化，但事实上他们涉及非石油方面的资产只有很小一部分。当墨西哥湾深水地平线的灾难发生时，他们的信任度被进一步侵蚀。这不仅仅是破坏了人们对英国石油公司的信任，也对其他正在努力取得安全和可持续发展的石油企业产生了不良影响。

沃尔玛公司在降低成本方面进行着不遗余力的创新，并且帮助全球零售行业大大地提高了效率。但是，他们也被看作是市场被侵蚀的例子。他们的存在意味着社区中的小型零售店将会关门，导致了本地商业的概念在美国乡村地区的干涸。失业也已经侵蚀了沃尔玛依赖的客户群。

机会发掘要有与机会耕种相同的创造性和发现过程。这种封闭的创新——重振品牌、产品线合理化和改善产品特点——可能比远离核心的创新更有挑战。它需要一种用机会绘图法支撑的方法去创新，为机会设立牢固的防护网。发掘意味着让产品或者服务保持新鲜——在某些情况下，一次一个源泉。它也许包括加入一个流行的特征、改进包装的设计、在新的有更小的碳足迹的生产制造程序上进行开放式创新，或者举办一个有创意的广告活动。机会发掘需要与理解机会拥有同样的创造力和发现力，还要有相同的规则。

当我们更深入地挖掘市场需求并且提供出更好的解决方案时，我们就是在发掘机会。

金佰利公司为获取面巾纸的全部机会所付出的努力是我们有目共睹的。你也许没有意识到这些你很快就会扔掉的东西中所蕴藏的科学原理。可丽舒品牌的凉爽感受款面巾纸中有复杂的相变材料，所以使用者的鼻子在接触它时会感到清凉；抗病毒面巾纸有水分激活的中间层，它可以杀死 99.9% 的感冒和流感病毒；新的一款名为喷嚏盾牌的面巾纸可以阻止水分通过纸巾到达手上，从而阻止病菌的传播。围绕细菌控制，金佰利有着一个更大的愿景，他们也和美国疾病控制中心建立了合作伙伴关系，共同为保持手部卫生做出努力。金佰利的方法把他们的纸巾品牌变成了一个黄金创意。

在纸巾上的创新模式与金佰利的总体战略是一致的，这个总体战略就是投资于那些关注消费者需求的洞察，并且持续地改进他们的产品。他们已经在他们的每一个产品品类中做到了这点。观察与宝贝在一起的父母激发了好奇纸尿裤的创新，引导他们开发出了新产品，比如好奇拉拉裤、好奇夜安裤和好奇游泳纸尿裤。金佰利一直都是通过发现新需求以及满足这些需求的新方法来发掘机会的。

有时，我们可以通过更深入的发掘技术来实现成长。

美利肯公司（Milliken）是一家生产高性能材料、化学品以及纺织品的跨国企业，它在现有的技术平台上通过观察要解决的新问题来发掘新的机会。他们运用自己的能力为运动服装开发出纺织品技术——包括可以排出来自皮肤水分的材料技术。他们寻找其他方式来利用他们的知识产权，那就是将这项技术授权给服装品牌使用。当他们发现这个让运动员感到舒适的特性也有助于伤口愈合时，这是一个巨大的惊喜。像糖尿病一样的慢性伤病需要不断地把湿气从身体表面排出。美利肯公司发现，他们在纺织品和化学品方面的专门技术可以满足这个要求，同时也会给患者带来凉爽和干燥的感觉。他们在公司内部成立了一个小的创新业务部门，并使用这种技术生产出外科绷带，目前正在帮助治愈那些最顽固的伤口。

美利肯公司的历史就是一部深入发掘机会并且发明新方法从机会中获取更多价值的历史。他们与一家英国企业紧密合作，在用于制造强力胶带和盖屋顶的工业纺织品的基础上开发出了 concrete doth 面料。这是一项令人惊讶的发明，你可以把它铺开并且在上面浇水，接着它就奇迹般地成形了。他们利用自己的技术组合和设计专长去实现最大潜力，同时，他们还结识了新的合作伙伴或者进入了新市场，以更完整地发掘机会的价值。

有时，我们可以通过聚焦于一个单一的问题来发掘机会。

铁姆肯公司（Timken）存在的问题是摩擦力。铁姆肯公司是于 1898 年由亨利 • 铁姆肯（Henry Timken）创立的，当时他发明了锥形滚柱轴承，可以减少四轮马车的摩擦力和磨损。摩擦力也许听起来像是无法改变的事实，它是所有机械的基本属性之一，但是铁姆肯公司却不这么认为。他们用任何可以想出来的方法来减小摩擦力，增加能量效率。他们对轴承进行了新设计，提高了润滑效率，延长了轴承的寿命。他们是开发涂在临界表面以减少磨损的薄膜涂层的先行者。他们发展了表面测量和建模技术，通过全新的算法把 2D 透视图提升到了3D。在轴承设计和性能建模上的持续努力提高了他们的能力，他们可以设计出全新的机械系统，并可以为常见的机械系统作诊断。他们走在润滑与磨损技术的前沿，对于残骸污染对系统寿命中的影响有着更好的理解，并能够对它进行预测。他们可以为任何有物体移动的行业服务。铁姆肯公司的轴承被用在飞机的起落架中，会在几分之一秒内从零加速到每分钟2 000转。他们的产品可以在极端条件下工作，能让火星探测成为可能。铁姆肯公司在摩擦力方面的专注让他们的技术和产品长期处于遥遥领先的位置。

一家企业挖掘消费者需求，另一家企业挖掘技术平台，还有一家企业挖掘问题。当然，每家企业都已经超越了这些区域，并在新的空间进行着投资。但是，我们感兴趣的是他们在发掘核心机会时所表现出来的勤奋和责任心。他们通过持续的改进和创新来获得更多的价值，每家企业都有几千项专利，并且专利的数量每年还在增加。

同样重要的是，他们的发掘都是可持续的：金佰利公司一直处于道琼斯可持续发展指数消费品榜单的榜首位置；美利肯公司因为拥有130 000英亩森林和对生产制造的持续改进，已经被认证为负碳排量；铁姆肯公司也正在致力于为每一个机械行业提高效率和降低能耗，包括风力发电行业。所有这些努力都产生了令人钦佩的可持续成长。三家企业都是在19世纪晚期就开始运营了，并且每一家都取得了显著的成长。金佰利公司的年销售额已经达到了200亿美元，雇用了超过56 000名员工；美利肯公司是全球最大的非上市公司之一，有超过7 000名员工；铁姆肯公司有超过21 000名员工和50亿美元的年销售额。

知道如何去可持续发掘机会的公司也知道如何为客户创造价值，但却不侵蚀机会。他们通常还有另一个共同点，那就是保持高度的道德标准。他们的道德规范转化为文化和实践，对客户、竞争对手、员工和利益相关者都保持公平——一个需要深入人心的价值观平衡法，这种价值观的形式往往可以追溯到这些企业的创始人的身上。三家企业都得到了最高级别的认可，年复一年地被道德村协会（Ethisphere）提名，并出现在“全球100强最具商业道德企业”的榜单上。

机会发掘显然需要黄金创意去保持市场的新鲜度以及拓展产品线，还需要我们具有探险家的思维方式——放眼地平线，去发现可能会出现的东西，而且还需要我们像农夫一样思考，因为农夫们总是在寻找更好的培育方法。

品牌和业务管理者不能只是一如既往地公事公办，他们必须时刻保持着对特殊业务的敏锐度。

从发掘到耕种，再回到发掘

机会在变化！任何一个可能适合发掘的机会都可能会随着消费者的变化而变得更适合耕种。所以，我们怎样才能知道何时要改变方法呢？当原有的产品还没有实现其全部价值时，没有人愿意一直去开发新产品。另一方面，我们不得不提防我们的竞争对手引入新产品。所以答案是要在探索中发现：一个不停观察着环境中新变化的组织将能感觉到地平线上风向的变化。我们用于发现机会的探索工具同样也可以用来发现机会的演变。那些通过向生态系统开放而帮助我们得到精彩创意的方法，同样是我们抢夺新创意需要的方法，那些新创意可能已经被我们舍弃了。

寻找机会和创意的方法让我们必须扮演三种角色——探险家、农夫和矿工。当我们这样做的时候，我们不仅可以产生黄金创意并保持它的新鲜度，还可以转身创造出新的机会。也许培育黄金创意最让人兴奋之处不是产生销售收入，而是激发新的机会。这些机会会唤醒那些难以言表的需求，创造出新的体验，并且改变文化。如果我们有探险家的好奇心、农夫研究土壤和培育种子的执着以及矿工追随价值和发掘最大潜力的直觉和勤奋，我们就能够创造出真正的可持续的成长。

特百惠的故事值得我们研究一下。虽然那是一个很古老的故事了，但它是一个关于由探险、耕种和发掘带来巨大成长的故事，它还是一个关于黄金创意如何创造出更多的机会并最终改变一种文化的故事。塔珀先生（Mr. Tupper）利用塑料开发出了著名的食品容器——带着密封盖子的碗。他想出了一种构思巧妙的品牌表达方式，鼓励消费者去为他们的容器找到一种更好的密封方式。一天，他注意到他最大的顾客不是百货公司，而是个人。布朗尼•怀斯（Brownie Wise）是一位单亲妈妈，她大量地采购这种容器，并在派对上将它们卖掉。他联系到她，两个人在 1951 年联手，把塔珀先生在技术和设计上的创新与怀斯女士在商业模式、组织机构和市场上的创新结合了起来。

结果就是形成了一个黄金创意：家庭派对式的市场直销方式诞生了。它加速了特百惠的成长——销售额在三年内翻了 25 倍，即使这期间因为突发情况而将产品下架。这种新的销售模式带来的影响渗透到了文化之中。妇女们开始在她们的家中销售特百惠，这就发生在对妇女工作持反对态度的丈夫们的眼皮底下。这种新的收入方式为妇女们带来了独立和接受教育所需要的资金，并且最终改变了人们对妇女出去工作的看法。当像史密斯学院（Smith College）和瓦萨学院（Vassar）之类的常青藤女子学校在精英层开辟了一个独立的新时代时，像在派对上卖塑料碗这种简单的事务让更多的妇女们对什么是可能的事情产生了一个新的看法。

这个机会并没有停滞不前，它在全球范围内扩张，现在有很多企业正在使用这种派对方式或是这种方式的其他变种销售他们的产品。今天，特百惠在全球有 260 多万名销售人员，年销售额超过 30 亿美元。这种销售方法被用来销售从营养补品到儿童玩具的多种产品，最大的一家直销公司是化妆品公司雅芳，它的年销售额超过 110 亿美元，有 650 万销售人员。特百惠还影响了世界各地的妇女们，像巴西的大自然化妆用品公司（Natura）有超过 30 亿美元的年销售额和 140 万销售人员；德国的家电和化妆品制造商福维克公司（Vorwerk & Co.）有 30 亿美元的年销售额和 60 万销售人员；还有卢森堡的欧瑞莲美容产品公司（Oriflame），它有20亿年销售额和360万销售人员。

> 黄金创意让我们既能抓住今天的机会，又能成为未来机会的创造者。

这个机会在进一步地转移和改变。不仅是妇女们在敲门销售，男人也开始用这种方法销售从草坪保养设备到汽车产品的多种商品。也许最有趣的是男人洞穴公司（ManCave Wordwide），他们举办聚会——男人派对，主人在烧烤炉旁边教授最新的烤肉和熏肉方法，同时可以卖掉很多的工具、肉和调料。

特百惠的故事告诉我们，一边探险一边发掘不仅可以带来新的耕种机会，把小的创意变大，还可以为我们和其他人创造出新的机会。

同时进行探险、发掘和耕种的原则不仅适用于今天的商业，也适用于过去的商业。

让我们回到黄金创意的故事开始的地方。我们发现，那些将探险家、矿工和农夫一起送上旅程的国家因此受了益，并且得到了新的矿石和农作物。故事发生了一个有趣的转折。西班牙是最早资助探险活动的国家之一，也是第一个带回白银、黄金和上帝的食物——巧克力的国家，但是他们没有像英国人那样在培育新农作物上面进行大量投入，他们更加重视采矿而不是耕种。这最终导致了贸易的不平衡，他们所有的黄金和白银都交换给了那些拥有他们想要购买的资源的国家。这些探险、采矿和耕种的国家在新经济中取得了成功。英格兰是如此成功，以至于被称为“日不落帝国”。

任天堂公司的故事是一个关于探险、耕种和发掘非常好的例子。1898年成立时，他们只是一家纸牌公司。很多年后，对游戏的热情引领着他们进入了新兴的电子游戏领域。他们从小事做起——分销马格纳沃克斯公司（Mognavox）生产的可以连接电视机的游戏机。一年后，他们进入了街机市场，两年后，他们开始生产自己的家用游戏主机。

在 1981 年，他们的游戏——《大金刚》(*Donkey King*) 一举成名，他们从将这只大猩猩授权给其他公司的过程中获得了巨额的收入和利润。情况变得更加美妙，在 1985 年，他们推出了《超级马力奥兄弟》(*Super Mario Brothers*)，这是史上最畅销的游戏之一。

当他们在发掘游戏开发方面的机会时，他们又将注意力转向了掌上游戏。他们于 1989 年推出了游戏小子（Game Boy）手掌游戏机，后来又推出了口袋机和彩色机两种版本。然后，他们又开发了任天堂 DS 以及后续的 3DS。

他们对游戏机市场的统治也随着众多新产品的推出而起起伏伏，包括 1996 年的任天堂 64 和 2001 年的游戏盒子（GameCube）。伴随着移动传感器和触摸屏的发展，他们又推出了任天堂 Wii 和 WiiU。

游戏市场是一个大机会，任天堂从硬件、软件、家用游戏机和游乐场等各个方面入手。不同于同行公司索尼和微软，任天堂开发自己的游戏。一旦开始，他们就会既耕种，又发掘新的空间。也许最近比较有趣的事情就是他们通过 Wii 发掘出了新价值。Wii 最终渗透进了两个细分市场——女人和老人。硬件和游戏的组合让 Wii 能够去开启这个他们已经等了很久的机会中的新价值。80% 的女性游戏玩家使用 Wii，而在男性玩家中，这个数字仅是 40%。此外，Wii 健身通过接入锻炼时间创造出了新的应用场景。

无论怎么来看，任天堂都成功地拓展了机会。他们反复地探索新领域、新技术，并且在这个不断变化的市场中反复地探索新的或是未被满足的消费者需求。这样的探索帮助他们发现了新的空间、培育了新的品种，并且在他们已经取得了成功的区域继续发掘。

将机会的发掘、耕种和探索结合起来就是我们成长的关键因素。机会在不断变化，我们确实没有选择。事实上，这也是能够实现可持续成长的关键：承认机会在变化，我们就必须随之而变；承认每一个机会在其一生中，既需要一种渐进式的、密集式的发掘方法，又需要一种革命性的、密集耕种型的方法。当机会探索暗示它们两者之间的临界点快要来到时，正是黄金创意踢出临门一脚的时刻。黄金创意可以将我们从发掘带回耕种，从演进带回革命，从关注创意带回关注机会。

这种敏捷方法的秘密是难以捉摸的。

比热爱创意更加热爱机会

当你比热爱创意更加热爱机会时——超越品牌、技术或者最终的产品——你就会将你的目光集中在机会及其所有的细微玄妙之处。你将总是在寻找满足需求的更好办法、可以为其提供服务的新客户、可以分销的新地点以及将价值变现的新手段。你将从机会中提取最大价值，并且最大限度地回馈给它。比热爱创意更加热爱机会，我们就能够自由地去挖掘矿山、自由地去耕种土地，而且在时机成熟时自由地去探索新大陆。

自由地去创造黄金创意吧！

机会思维

☆ 机会需要我们去深入挖掘，并且创造性地获得全部潜力。

☆ 可持续的发掘让机会保持着健康的状态。

☆ 机会在不断地变化，这就要求我们成为探险家、农夫和矿工。

07 构建机会的生态圈

机会思维打开了我们看到新的可能性的眼界，

为我们开启了一个成长的旅程。

You Can Kill An Idea，But You

Can't Kill An Opportunity

How to Discover New Sources of Growth for Your Organization

从哥伦布到卡伯特、从达·伽马到瓦斯克斯（Vasquez）、从法兰西斯·德瑞克爵士（Sir Francis Drake）到沃尔特·雷利爵士（Sir Walter Raleigh）……

所有这些著名的探险家都将他们的目光放在了遥远的大陆上，将他们的注意力放在了船舶、地图、船员和物资上。他们也许不知道，他们的探险活动在欧洲引发了一场革命，不是一场政治革命，而是一场商业革命。探索新大陆需要新的商业形态——分担风险、为探险活动保险以及货物交换的新方法，这是今天很多我们习以为常的商业系统的起点。就一个机会而言，它和其他所有的机会交织在一起。如果没有其他机会，这个机会也可能不会被人们意识到。

机会产生机会。

当我们确认探险家的名录时，那些真正为那个时代带来成长的人远远超越了那些仅仅扬帆远航的人。无数人为探险活动铺路，并且在后来塑造机会。机会的生态系统有众多的参与者，每个人都起到了关键作用，每个人都以自己的方式做出了贡献。

机会需要一个村庄、一个先锋和其他一些人。

梦想家

早在航海概念进入克里斯托弗·哥伦布、费迪南德·麦哲伦或是荷南·科尔蒂斯的头脑中之前，葡萄牙航海家亨利王子就已经是一位梦想家了。早在土耳其人封锁了路上通道的多年之前，他就梦想着找到一条沿着非洲顶端到达印度的通路。在他的领导下，人们建造出了更快的船——卡拉维尔帆船，哥伦布就使用了其中的两艘。亨利王子喜欢研究海洋、潮汐和星座，并且促进了绘图学和航海技术的进步。他创建了萨格里什学院，学院里设有研发中心，还设有图书馆、天文观测台、造船设施、小教堂和员工宿舍。

政府和非政府机构

企业自身无力承担所有探险活动的经费以及文艺复兴时期的艺术和科学经费。这些活动都是由政府发起的。政府的努力激发了很多人对机会的探索，但对于那些身处遥远大陆的其他人来说，这是灾难。在做了多年个人发明家的赞助人之后，有一个政府创立了一种开放式的创新模式，近似于第一个 X 创新大奖。

> 机会需要向前看梦想家，需要他们整合资源并吸引其他人加入。

今天的 X 大奖是由非营利的 X 大奖基金会创立的，旨在加速能源和教育等领域的创新。他们因在 2007 年为个人太空旅行提供了 1 000 万大奖而闻名于世。他们推进了个人太空旅行业的发展。在 1676 年，英国议会宣布航海是当时最大的科学难题，在 38 年后的 1714 年，他们颁出了第一个 X 大奖——给予创造出测量经度设备的人一笔金额巨大的奖励。随后，精密航海计时器、月距测量法和八分仪等发明陆续出现了。

机会要求投资者愿意去为还不存在的东西投资！

科学家和学者

在航海 X 大奖的结果公布之前，计算经度是一件很难的事情。如果你能计算出你在海上任何一个位置的时间和返回港口的时间，你就可以大约估算出你的经度。但是，当经度不是一个关于你停留在海上的时间函数时，你又怎么能做到呢？最好的办法是去依靠亚伯拉罕 • 扎库托（Abraham Zacuto）发明的恒星移动表。这个表（也就是星历表）是如此有价值，以至于它被使用了超过 200 年。当哥伦布试图在他的第四次航行中返航时，当地人不愿意为他建造一艘船。他注意到扎库托的星历表预测到了一次即将发生的月食，于是他就警告当地人，如果他们不帮忙，他就会让月亮消失。很快，当月食如期来临时，他受到了当地人的尊敬，并且收到了一些额外的补给。

机会要求科学家和学者通过发明来延伸潜力。

商业领袖

随着黄金和白银的出现，货币也出现了，并让钱币有了稳定的价值。这影响了财富的分配，并对热切的投资者产生了刺激。到 1553 年，如果你碰巧有一些钱，你可以投资一家新成立的公司——新大陆商人探险公司，它是探险时代的第一批股份合资公司之一。股票的概念被进一步发展了，荷兰的东印度公司创立了第一个股票交易所——阿姆斯特丹股票交易所，在那里允许投资人买卖他们想要的股份。当然，投资航海的风险很高，意味着有人需要找到为航行保险的方法。这个解决方案来自一个不可能的地方——一家不起眼的咖啡馆。这家咖啡馆会出版一张刊登着最新航行情况的报纸，这些新闻帮助了独立保险人，他们一边喝着咖啡，一边更好地评估风险。很快，这家咖啡馆的老板就决定成立一家保险公司，这家保险公司成为了最长寿的保险公司之一。老板的名字是亨利·劳埃德（Henry Lloyd），他的咖啡馆就是位于伦敦的劳埃德咖啡馆。

机会既需要那些勇于承担风险的人，也需要那些降低风险的人、那些能够确保回报的人和那些为回报保险的人。

商业机构

当企业在成长时，它们将自己组织起来的方式也在发展。探险活动中一个更为棘手的问题是补给品的供应，在船上保存食品可不是一项容易的任务。货舱里装满了不会腐烂的东西——干扁豆、蜂蜜、橄榄、咸鱼、啤酒和葡萄酒，但不会有水果和蔬菜，这就导致了坏血病的出现。从 1500 年到 1800

年，有超过100万水手死于这种疾病。荷兰东印度公司在1652年解决了这个问题，他们在好望角（Cape of Good Hope）建立了永久殖民地，为那些向东航行的船只提供新鲜的水果、肉类、淡水和其他物品。水手的死亡率大大地降低了，航海也成为一份更有吸引力的职业！

当人们围绕着如何能抓住机会而进行创新时，机会就能等到另一天。

市场

探险活动唤醒了另一场革命——发生在香料、食品和农业上的革命。农民、商店、饭馆、厨师和消费者都为新的体验开放了他们的思维和味觉，产生了对新食品的需求。不仅是香料，货物从一个地方运到另一个地方，彻底地改变了田地里种下的农作物和餐桌上吃掉的食品的品种。事实上，整个饮食文化和民族标志都因此成型了。在哥伦布时代之前，意大利是没有西红柿的，瑞士也没有巧克力，爱尔兰人不知道马铃薯是什么，匈牙利也还没有因为红辣椒而出名。同样，泰国还没有辣椒，佛罗里达没有橙子，哥伦比亚没有咖啡，厄瓜多尔没有香蕉，夏威夷没有菠萝。

全球范围内，从农场到餐桌的机会都改变了。随着资源从一个地方转移到另一个地方，一个地方的变化就会导致另一个地方的变化。消费者和零售商都加入了这个机会创造的混战之中，都在用新的方法进行消费和创新。

当人们参与到机会创造的过程中时，机会就变成了一次疯狂的捕食。

机会生态系统

有无数个讲述人们看到机会并抓住它的故事。在这个生态系统中，到处都是既有创造力又野心勃勃的人在利用正在发生的变化，但也有很多人选择退出。很多人没有听到机会在敲门，没有在地平线上寻找到它，或者没有通过深度挖掘去做一些有创造性的事情。

为什么有人会对未知事物冒险一试，而他们周围的其他人则满足于重复自己做过的事情？是什么在激励着这一群爱冒险的人？

对成长的偏好

机会总是在离去时看着比到来时要大。

偏好和动机是因人而异的：对有些人来说，是为了满足他们身体的欲望和无国界美食的味蕾；对有些人来说，是对知识的渴望——科学家和学者可以满足他们的好奇心；对有些人来说，是个人成就的驱动力；对有些人来说则是对金钱和权力的贪欲。渴望成长的光明和阴暗面都在驱动着人们去追寻机会，他们把眼睛睁得大大的，总是在寻找机会。但是，很多人不知道的是，他们不仅在利用机会，也是在创造机会。他们发现和创造价值的努力以及商业经营的方式，都在为他们自己和别人拓展和塑造着机会。

在后视镜里很容易就会看到包围着他们的机会。向后看总是很容易去给这些创新时代打上标签，比如“探险时代”或是“商业革命”，并且想象他们曾经多么兴奋。但是，那些被记录下来的进步是花了几百年时间才实现的，期间经济还是起起落落，每个人都能意识到，或许分享那个时代的兴奋是一件可疑的事情。

我们生活在一个同样令人兴奋的时代，这个时代在很多方面都有巨大的进步：信息技术、生物、能源、材料、全球化、可持续资源、平均寿命、生活标准，等等。我们的世界与探险时代的世界一样，变得更小、更加紧密地联结在一起、更快、更有趣了。我们生活在一个和他们一样丰富和多样的机会生态系统中，并且仍然有潜力去看到、激发和延伸机会。

回想一下那个锦鲤的例子。我们说锦鲤是创意，而机会是池塘。如果我们想要成为一条大鱼，我们就需要一个大池塘。如果我们想要一黄金创意，我们就需要一个大机会。

但是，我们不喜欢锦鲤吗？锦鲤根据它对池塘大小的感觉来调整自己的生长速度，我们不也是根据个人对组织成长潜力的看法来调整我们的成长努力吗？当我们有希望获得一个更光明的未来时，我们会更加努力——希望来源于我们对机会的看法。当我们看到自己处于一个大池塘（一个大的机会）的中央时，我们就会追逐更快的成长。这就是我们的努力和创意成长的空间，但是我们自己也有成长的空间——能力的增强，新的经验、成就、财富、名望、品质、创造出来的财富以及我们留给后世的遗产。

如果池塘太小了，没有空间扩张，我们就不会有太大的成长，我们就会被困在里面一直长不大。我们也许会享受成为小池塘里的大鱼的乐趣，但是如果没有变化，成长的前景就是有限的。这种变化就是我们需要去找到一个更大的池塘。或者也许我们真正需要的变化是去更好地理解我们所处池塘的维度。我们也许正在一个小池塘里游泳，需要一些新的布景，但也可能是我们没有看清楚这个池塘到底有多大。我们可能正身处于一个巨大的机会中，自己却浑然不知。

我们成长的速度被我们对机会的信念所影响。通往光明的未来的关键是将世界看成是有丰富机会的世界。这就是机会思维的关键所在。机会思维为我们提供了看到机会的新方法。

它将我们的思维从创意推进到机会，它将我们的努力从一个源泉扩张到六个，它将机会的六大源泉转换为成长的六大源泉，它给了我们探索的工具以及利用我们的发现东西将黄金创意嫁接在一起的方法。

机会思维帮助我们看到机会本身的真谛，换句话说也就是那里还有很多我们没有发现的东西。它从变化中喷涌而出，藏在没有被延伸的维度中，在新的洞察中对我们窃窃私语。在飞机上，它好像就坐在我们旁边，从我们身边的过道走过，并在这架飞机上给我们打电话。它在我们淋浴时、跑步时或是在实验室时突然出现在我们的脑海里。当我们在发现和创造时，它还在等待着被发现和被创造出来。

这个世界真的有很多机会，我们只需要睁开眼睛、竖起耳朵。但这并不是让我们变成盲目乐观的人，戴着玫瑰色的眼镜，相信我们看到的一切都是机会。机会思维需要我们从实际出发。乐观主义者和悲观主义者都会错过真正的机会。乐观主义者到处都能看到机会，误以为市场总是需要他们创造出来的东西，他们的能力会满足任何需求，支票总是在一封马上要到手的信件里，他们生活在一个永远顺风的世界里。悲观主义者恰恰相反：资金永远是不够的，能力永远是不足的，他们是不受重视的，并且市场总是对他们视而不见，他们永远生活在一个逆风的世界里。

机会思维为成长驱动了一个新的现实主义，它不受我们的倾向和个性的支配，它给予我们一个对于机会更有规则的视角，这个视角帮我们认识到机会的复杂性和丰富性。

机会思维为我们提供了一个关于机会本身的明智的观点。我们开始明白潜力是无处不在的，因为它是被世界固有的东西培育出来的——一个稳定的未被满足的需要和市场需求，人类与生俱来的发明才能和创造力，以及一个不断变化、不断重新洗牌、不断为培育新机会而创造新条件的环境。

如果我们知道应该倾听什么，机会也会经常呼唤我们。但当机会要我们仔细倾听它时，我们通常会假装我们在方方面面都听见了它的呼唤。追寻机会、追寻成长不仅要求我们用脑，还要用心。毕竟，这是一件冒险的事情。那些探险家要面临海盗、毒箭、沉船、船员的叛乱以及贫困的威胁。预期几个星期的航程往往最终用了好几个月。要去冒险并把握住机会不仅需要我们对成长保持渴望，坚持现实主义的态度，还需要我们对机会有足够强大的信念，让我们敢于为了未知去冒险。

不幸的是，机会的呼唤不总是那么诱人。有多少次，当组织推出他们的成长愿景时受到了冷遇？有多少次，一个具有潜在回报的财务愿景导致很多人一贫如洗？如果企业实现了承诺，这些人的生活会好很多。多数员工不是仅仅因为报酬而投身于一家企业的，他们这样做是因为他们相信自己正在做的事情。

财务规划很难成为一个可以胜任的激励工具。亚里士多德原本可以告诉我们很多，他的劝说三原则——喻德、喻情、喻理——是说服我们自己和他人加入我们机会的秘密。

> 不要问自己世界需要什么。问问自己是什么事情让你快乐，然后就去做这件事情。因为这个世界需要的就是我们都快乐。

喻德说的是消息来源的可信度。当我们相信消息的来源时，我们就会被说服。所以谁是机会真正的来源者？那就是生态系统和消费者。这些是我们需要亲耳去倾听的人，我们需要了解他们的生活，发现他们真正的需求。他们可能是我们的同事、领导和同伴，因为如果我们想要成功，这些人必须认同和支持我们。这些人的可信度和与我们的合作关系对我们决定是否去冒险起着至关重要的作用。

喻情说的是激情。它既是个人的，也是公众的，它被体验所驱动——发明和发现的喜悦；看到消费者满意的快乐；追寻梦想的兴奋体验。它也被我们的价值观所驱动，影响着我们的三重底线——利润、人类和地球。人们对没有巨大足迹的成长越来越有热情，因为这种成长对其他人没有负面影响，并且将会从永恒的资源中创造出持久的价值。当我们把自己的热情和一个机会联系起来时，我们将会更加急切地想要知道结果。

> 成长要求机会的喻德、喻情、喻理。

喻理说的是理性的信念。它来自对机会逻辑的理解。要综合理解机会的所有成分是如何组合在一起的：需求、价值和条件如何集合起来，并且为什么现在是合适的时机——预想机会是怎样被塑造的以及它的形态对规模的影响。这来源于对机会的长远视角，也就是对机会路径图的视角，这个路径图显示出潜在的竞争回应、技术进步、品牌的寿命、我们如何在未来探索、耕种和发展机会。这个机会的战略故事会说服并且指导我们去使用可持续的方法追寻机会。

如果我们想要获得大成长，我们就需要看到大机会，完全相信它，并按照它行事。如果我们要跳进去并且产生能够带来成长的黄金创意，我们就需要理解机会的深度和广度。

把握机会的喻德、喻情和喻理不仅给我们跳进去的勇气，它对产生能抓住机会的黄金创意也至关重要。产生黄金创意需要同等分量的热情和耐心，并且也要用心和用脑。这些珍贵的创意需要我们有勇气去创新、去为之奋斗、去让自己依赖其他人的发明才能和创造力、去将有差异的产品嫁接在一起。它们要求我们在组织和市场中逆流而上，要求我们在照料和培育它们时有忍耐力，并且心灵手巧。让黄金创意最终开花结果需要有农夫的耐心——只要你按要求去辛苦耕作，丰收终将会来到。从机会中发掘价值需要有矿工的勤劳——在得到第一颗闪亮的东西之前绝不放弃，为了前方的回报而继续向深处挖掘。还需要有探险家的好奇心，总是留心寻找能够带来新价值的东西。

所以，我们成长的潜力是对机会的感知和投入的函数，我们把握机会的能力是我们成为机会思维者的函数——能看到和完全理解我们周围的机会。

机会思维将会拓展我们的世界观、我们的组织和我们自己

当我们通过机会的眼光来看世界时，我们将会看到作为机会创造者才能看到的变化，将会在新的维度中思考，将会对新洞察保持敏锐，并且将会与我们遇到的人建立联系。

当我们通过机会的眼光来看我们的组织时，我们将会看到我们所服务的核心人群的共同目的，将会把组织内部的紧张关系和冲突看作能带来更大潜力的东西，并且将会与同事们成为合作伙伴并进行互动。

当我们通过机会的眼光来看自己时，我们将会看到我们在机会中要扮演一个角色——去探索、耕种或者发掘它。我们会明白，只有我们才可以扮演这个角色，无论我们的位置和职业是什么。因为我们是机会生态系统中独一无二的一部分。

这是机会开始的时候，也是我们成为机会思维者的时候。最后，机会思维本身就是机会！它打开了我们看到新的可能性的眼界，为我们开启了一个成长的旅程。

我们生活在一个不同的世界，它更加开放，更加注重协作和分享；很少有单靠个人就能成就的东西，而更多的是靠众人合作来一起实现。我们是众多机会生态系统中的一个组成部分。对于所有这些我们参与的机会，有一点是真实的：机会不是可以归功于某个人的，它是无数发现和创造共同努力的结果。

本书中描述的每一个机会都有自己的生态系统——著名的公司以及无名的消费者、影响者、观察者。我们 NewEdge 公司也参与了本书中的案例。我们参与了大多数你在书中读到的企业的成长旅程。我们没有强调我们的作用，因为所有那些已经发生了的好事都是我们的客户、生态系统与我们共同努力的结果。所有的成长都是团队运动，所有的机会都是生态系统的一部分，所有的黄金创意都是很多人共同努力的结果。我们很高兴成为这么多公司的生态系统的一部分，并且很荣幸地在他们的董事会和消费者那里看到我们工作的成果。这才是回报。

虽然我是讲故事的人，但我绝对不是本书所述思想和故事唯一的创造者。我们自己也是机会生态系统中的一家公司。当保罗·斯特德（Paul Stead）和我相遇时，它成形了。保罗是英国顶尖的设计师，也是设计行业的商业领袖之一。他先是把他的公司 PSD 发展成为一家跨国公司，在将它出售给科迪恩特传播集团（Cordiant）之后，他被任命为惠誉全球（Fitch Worldwide）的 CEO，当时它是世界上最大的设计公司之一。我曾经是华盛顿州立大学的教授，从事颠覆性市场研究。为了帮助太平洋西北国家实验室（Pacific Northwest National Laboratory）衍生科技创业企业，我开发出了一个利用生态系统去发现无法言传的需求的方法。同时，我在全球范围内发表了很多我对设计、味道、气味等感官反应的研究成果，这是我在得克萨斯大学奥斯汀分校攻读博士时的研究课题，也是后来我在卡内基梅隆大学当教授时领导的课题。

一位来自伊士曼化学公司的客户鲍勃•鲍克（Bob Balke）将保罗介绍给我，并强调这会是一个大的合作。他是对的，因为我一直都在寻找一个能够设计市场进入战略的合作伙伴，而保罗则在寻找一个市场洞察和商业战略方面的合作者。他刚刚成立了一家新的设计和战略公司——The Brewery，而我也刚刚成立了一家为客户提供新的洞察和战略的公司——NewEdge.

我们很快就联合了起来，项目一个接着一个地进来。显然，市场对将设计、洞察和战略组合在一起的服务有着清晰的需求；这种服务要求在商业和设计方面都有雄厚的人才实力，客户也不再需要自己动手将它们结合在一起。我们将我们的过去、所有的六个成长的源泉、机会和黄金创意集合在一起，成立了一家合伙企业为客户提供这些服务。我很幸运能遇到保罗，他是一个真正的机会思维者。

我们一起发展了 NewEdge 和 The Brewery，在华盛顿州里奇兰靠近国家实验室的地方、在芝加哥、在伦敦都开设了办公室。我们组建了一个生态系统，系统中有几千位各领域的专家、趋势观察者和潮流创造者、意见领袖，还有工业研究所的研究人员和很多早期的消费者，他们可以为我们提供新的视角去观察。

我们的客户是这个故事中真正的英雄，因为他们用绝妙的问题来挑战我们，并且开放他们的组织来与我们合作，共同去发现和创造。我们一起在世界各地旅行，把它们引入我们的生态系统，长时间在项目上工作，在我们创新酝酿会中努力地玩，通过培训逐渐灌输机会思维，并且品尝具有创造性和战略性的程序的甜蜜结果。

随着故事的展开，保罗和我继续开发新方法来视觉化我们的方法。作为结果，一个新一代的培训工具应运而生。

所有的团队成员都在某个时段作出了贡献。他们是严厉的批评家和伟大的合作者。

保罗和我很幸运能够组建这样的一个团队，成员们都能够用多种机会所需要的方法来思考。我们有能够创造性地、形象化地思考问题的商业顾问和设计师。他们与很多企业合作，创建成长愿景，发现大机会，产生黄金创意，制定和开发市场进入、品牌传播和产品设计等战略，这些设计既赢得了大奖，又为我们带来了成长。他们为每一步都开发出了运用机会思维的培训方法，将新的工具交到客户手中。团队的每一位成员都对书中的故事和概念产生了影响，我们对此感激不尽。

写这个故事的原因也是关于一个生态系统。

我的家庭一直鼓励着我，从开始写这本书到完成。迈克尔、邦德、布里特、布赖斯和我的母亲帮我分担着我的责任，忍受着我的缺席，鼓励和安慰我，并最终和我一起庆祝。

此外，这本书受到了英国顶尖零售和传播顾问马克·狄更斯（Mark Dickens）的强烈影响，他对这本书的风格和基调产生了不可磨灭的影响。他和他的妻子利奥（Leo）始终是我的灵感源泉。布里特妮·戴维斯（Brittany Davis）从头到尾都在坚定地鼓励我，用她的思想来启发我，并且将巴塞洛缪·哥伦布介绍给我。基思·伍德（Keith Wood）提供了对采矿业方面的洞察。当我的注意力放在别处的时候，贝丝·摩尔（Beth Moore）和玛丽安·麦克切斯尼-肖（Maryann McChesney-Shaw）让我们的业务保持有条不紊。Color Press 公司和 NewEdge 的尼克·利波尔德（Nick Lippold）让这个项目复活，并为管理这个项目做了很多的工作。卢（Lew）、拉蒙纳（Romana）和我家庭中的其他成员用他们不拘一格的兴趣和追求不断地启发我。

最后，感谢 Espresso World 团队让我在长时间的工作中保持清醒。

向所有那些鼓励我写这个故事并且为我带来启发的人们，以及在这些年来为我打开机会之门的人们表达我最深深的感谢。

在经历了30多年高速成长期后，中国经济进入了一个相对平缓的发展阶段，GDP年增速从10%以上降至7%左右。20年之前，任何企业和个人只要有能力生产出还说得过去的产品，就不愁没有市场和可观的财务回报，创业致富的机会可以说遍地都是。用本书中所描述的机会场景来讲，就是港口里的人们有着强烈的需要、需求和意愿，政府的改革开放政策和企业家精神成为船舶入港有利的风和潮汐条件，剩下的就是要有人把人们需要的东西用船运过来了。这也成就了一大批改革开放时代的创业英雄，从传统行业的刘永好、王建林、宗庆后到新兴行业的马云、马华腾、李彦宏等。而西方各个行业的跨国公司也争先恐后地进入中国市场，把中国当成它们成长战略中的重要部分。

然而，不经意之间，一切都改变了。之前高速成长所依赖的低端制造业的疯狂膨胀，造成了严重的产能过剩，恶性价格战发生在几乎每一个非政府垄断的行业。放眼望去，没有一个行业不存在过度竞争。同时粗放式的成长所带来的环境问题，以及劳动力成本的不断攀升让这种发展模式难以为继。今天，你听到人们讲的最多的就是好的机会不像以前那么好找了。

事实真的是这样吗？或者机会到底在哪里呢？帕姆·亨德森博士在《创新者的机会思维》这本书里给出了答案。更确切地说是给出了一个寻找答案的方法和思维——机会思维。运用机会思维，我们会从机会的六个源泉——市场、技术、商业模式、品牌表达、组织机构和环境中全面地去寻找机会，而我们之前的成长方式更多是侧重于市场和技术；我们会把我们的机会空间格局化，把它放在一个多维的坐标系中，通过观察和延伸每一个维度来发现机会；我们会使用三个机会发现器——趋势、维度和洞察来找到常人难以看到的机会；我们会在两种不同的方式——机会开采和机会耕种中挑选更加适合的一个来充分把握机会……

总之，对于今天正面临严峻经济形势的个人、企业甚至政府，帕姆·亨德森博士开出了一剂及时、有效、长期的灵丹妙药，它不仅可以治疗我们之前片面发展所带来的各种痼疾，也给我们未来可持续发展带来了一个全面和可靠的思路。我们每一个想要拥有更美好未来的人都应该成为机会思维者！

最后，我要感谢本书原作者帕姆·亨德森博士在百忙之中抽空为本书的中文版作序，并不厌其烦地对本书的翻译工作给予帮助。我还要感谢摩根斯坦利的楼海玲小姐审阅译稿。同时，我的家人在我花费大量时间翻译本书期间给予了我精神和实际的支持，让我能够集中精力在繁忙的工作之外有时间和精力去完成本书的翻译工作。

袁伟

北京阅想时代文化发展有限责任公司为中国人民大学出版社有限公司下属的商业新知事业部，致力于经管类优秀出版物（外版书为主）的策划及出版，主要涉及经济管理、金融、投资理财、心理学、成功励志、生活等出版领域，下设“阅想·商业”、“阅想·财富”、“阅想·新知”、“阅想·心理”、“阅想·生活”以及“阅想·人文”等多条产品线。致力于为国内商业人士提供涵盖先进、前沿的管理理念和思想的专业类图书和趋势类图书，同时也为满足商业人士的内心诉求，打造一系列提倡心理和生活健康的心理学图书和生活管理类图书。

阅想·商业

《精益创业：打造大公司的创新殖民地》

- 微软精益创业培训，湖南卫视专题报道，北大创业营推荐。
- 埃里克·莱斯精益创业理念的落地与实践。
- 帮助企业消除内部创新的“绊脚石”，释放企业创新创业的无限可能。

《啮合前行：测试商业模式潜力，规划创业成功之路》

- 哈佛、斯坦福顶级学府、清华 x-lab 创新创业课教材。
- 首创创新创业啮合前行模型，超实用工具包，9 大齿轮协调共进，助力创新创业，打造属于你的成功之路！

《颠覆性医疗革命：未来科技与医疗的无缝对接》

- 一位医学未来主义者对未来医疗 22 大发展趋势的深刻剖析，深度探讨创新技术风暴下传统医疗体系的瓦解与重建。
- 硅谷奇点大学“指数级增长医学”教授吕西安·恩格乐作序力荐。
- 医生、护士以及医疗方向 MBA 必读。

《共享经济商业模式：重新定义商业的未来》

- 欧洲最大的共享企业 JustPark 创始人倾情写作、国内外共享企业大咖联袂推荐。
- 首次从共享经济各个层面的参与者角度、全方位深度解析人人参与的协同消费，探究共享经济商业模式发展历程及未来走向。

《指尖上的场景革命：打造移动终端的极致体验感》

- 中国移动研究院徐荣博士领衔翻译。
- 第一本打造移动终端场景体验感的权威落地书。
- 全景诠释追求极致体验感的发展思路，助力企业实现移动场景时代的战略转型。

《碎片化时代：重新定义互联网 + 商业新常态》

- 《碎片化时代》就是关于技术革命的企业生存指南。
- 本书作者史蒂夫·萨马蒂诺被公认为是科技和商业领域思想领袖，他能帮助企业摆脱工业时代的思维，获得互联网时代所需要的观念和流程。
- 智囊传媒总裁傅强倾情作序，经济学者何帆、心理管理学家、互联网商业研究专家陈禹安联袂推荐。

You Can Kill An Idea, But You Can't Kill An Opportunity: How to Discover New Sources of Growth for Your Organization by Pam Henderson.

ISBN: 978-1-118-80838-2

图书在版编目（CIP）数据

创新者的机会思维：你可以杀死一个创意，但不可错失良机 /（美）亨德森著；袁伟译 . — 北京：中国人民大学出版社，2016.6

书名原文：You Can Kill An Idea, But You Can't Kill An Opportunity: How to Discover New Sources of Growth for Your Organization

ISBN 978-7-300-22413-8

Ⅰ. ①创… Ⅱ. ①亨… ②袁… Ⅲ. ①企业创新—研究 Ⅳ. ① F270

中国版本图书馆 CIP 数据核字 (2016) 第 020663 号

创新者的机会思维：你可以杀死一个创意，但不可错失良机

[美] 帕姆·亨德森 著

袁伟 译

Chuangxinzhe de Jihui Siwei: Ni Keyi Shasi Yi Ge Chuangyi, Dan Buke Cuoshi Liangji

出版发行	中国人民大学出版社		
社　　址	北京中关村大街 31 号	**邮政编码**	100080
电　　话	010-62511242（总编室）		010-62511770（质管部）
	010-82501766（邮购部）		010-62514148（门市部）
	010-62515195（发行公司）		010-62515275（盗版举报）
网　　址	http://www.crup.com.cn		
	http://www.ttrnet.com（人大教研网）		
经　　销	新华书店		
印　　刷	北京中印联印务有限公司		
规　　格	170mm × 230mm　16 开本	**版　　次**	2016 年 6 月第 1 版
印　　张	12.75　插页 1	**印　　次**	2016 年11月第 2 次印刷
字　　数	163 000	**定　　价**	49.00 元